Stephanie Just

Brot backen mit der KitchenAid

50 Rezeptideen für Brot, Brötchen, Pizzateig und mehr

riva

Bibliografische Information der Deutschen Nationalbibliothek
Die Deutsche Nationalbibliothek verzeichnet diese Publikation in der Deutschen Nationalbibliografie. Detaillierte bibliografische Daten sind im Internet über https://dnb.de abrufbar.

Für Fragen und Anregungen
info@m-vg.de

Originalausgabe
2. Auflage 2025

Türkenstraße 89
80799 München
Tel.: 089 651285-0

Redaktion: Sarah Holzwarth
Umschlaggestaltung: Isabella Dorsch
Umschlagabbildung und Abbildungen Innenteil: Stephanie Just
Satz: Lara Nelles (schere.style.papier), München
Druck: Florjancic Tisk d. o.o., Slowenien
Printed in the EU

ISBN Print 978-3-7423-2439-9
ISBN E-Book (EPUB, Mobi) 978-3-7453-2208-8

Weitere Informationen zum Verlag findest du unter:

www.rivaverlag.de

Beachte auch unsere weiteren Verlage unter: www.m-vg.de

Inhalt

Das Geheimnis von gutem Brot

Das Geheimnis von gutem Brot ist eigentlich gar keines. Man braucht lediglich Geduld, Zeit und eine gute Küchenmaschine, die mit Kraft lange knetet. Und da kommt meine KitchenAid zum Einsatz. Ohne sie, auf die ich mich immer verlassen kann, weil sie kraftvoll, lange und intensiv mit ihrem Knethaken die Brot- und Hefeteige knetet, bis sie perfekt für die Weiterverarbeitung sind, ohne diese KitchenAid, hätte ich nicht angefangen, Brot selbst zu backen.

Ich möchte den Mythos brechen, dass das Brot- und Brötchenbacken schwierig und hochkompliziert ist. Es kursieren sehr viele Rezepte für Brot und Brötchen im Internet: mit ellenlangen Texten, Dutzenden von Arbeitsschritten und jeder Menge Bäckerlatein. Schon davon war ich selbst so eingeschüchtert, dass ich mich nicht herangetraut habe. Bereits die Angaben für das Ansetzen von Sauerteig waren so lang und dazu noch die vielen Warnungen, was ich alles beachten muss, sodass ich nicht einmal den Versuch gewagt hatte.

Mittlerweile backe ich unheimlich gerne Brot, Brötchen und Hefegebäck. Ich habe damals mit getrocknetem Sauerteig und »Lievito madre« (Mutterhefe) begonnen und die von Hefeschnecken bekannte, kurze warme Teigruhe angewendet. Darauf aufbauend habe ich mich dann immer weiter vorgearbeitet. Um gutes Brot und leckere Brötchen zu machen, gibt es verschiedene Möglichkeiten. Und glaubt mir, keine davon ist schwierig oder kompliziert. Auch vor Sauerteig muss man keine Angst haben. Das Ansetzen ist so einfach, dass es mit ein paar Worten erklärt ist.

Ich habe für dich in diesem Buch meine Erfahrungen und ganz unterschiedliche Rezepte zusammengefasst. Je nachdem, wie viele Brote bei einem Rezept angegeben sind, ist es für Anfänger*innen oder für bereits etwas Fortgeschrittene.

Anfänger*in

Fortgeschrittene*r

Profi

Aber kein Rezept trägt den Meister*innentitel. Alle Rezepte können daher wirklich von jedem und jeder zubereitet werden.

Küchenausstattung und hilfreiche Tipps

Wer Brot backen möchte, braucht keine riesige Küchenausstattung. Für die meisten Brote reicht das Equipment, welches man zu Hause hat, vollkommen aus!

Für gutes Gelingen sind einige Utensilien allerdings durchaus sinnvoll:

- grammgenaue Waage
- Gärkorb
- Pizzastein und -schaufel
- gusseiserner Topf
- Baguetteblech
- scharfe Brotklinge
- Silikonhaube zum Abdecken
- scharfe Teigkarte

Mit diesen praktischen Helfern macht das Brotbacken noch mehr Spaß und bringt noch bessere Ergebnisse. Außerdem gibt es ein paar Hinweise zu beachten, die für alle meine Rezepte gelten:

1. Für optimale Ergebnisse sind hochwertige Ausgangsprodukte unumgänglich. Hier auf günstige Ware zurückzugreifen, beeinflusst Geschmack und Optik.

2. Brotteig muss lange und ausgiebig geknetet werden. Da kommen schon gut 10–20 Minuten zusammen! Und da diese Arbeit mit reiner Hand- und Muskelarbeit durchaus anstrengend ist, gibt es nichts Besseres als eine verlässliche KitchenAid, die diesen Part übernimmt. Dazu verwende ich immer den Knethaken. Die genaue Verarbeitung ist jeweils im Rezept angegeben. Je intensiver der Teig bearbeitet wird, umso mehr »Glutengerüste« werden gebildet. Erst während des Knetvorgangs wird das Gluten aktiv. Daher gilt: möglichst lange kneten, bis die Oberfläche glatt und matt ist und eine gewisse Spannung hat (wenn man den Teig mit einem Finger leicht eindrückt, geht die Delle gleich wieder zurück). Das »Glutengerüst« ist verantwortlich für einen elastischen, stabilen Teig und später für die saftige, lockere Krume.

3. Zum Abdecken der Teige empfehle ich Folie. Diese schützt den Teig vor dem Austrocknen und lässt die Wärme in der Schüssel. So geht der Teig besonders gut auf. Für einen besseren ökologischen Fußabdruck sind wiederverwendbare Abdeckhauben aus Silikon sinnvoll!

4. Für viele Brote wird ein hoher Klebereiweißanteil und Proteingehalt benötigt, um besonders elastische, luftige Brote zu backen. Dafür eignet sich kein Mehl besser als italienisches Weizenmehl Tipo 00.

5. Da Mehl auch bei der gleichen Type durchaus manchmal mehr oder weniger

Wasser aufnehmen kann, empfiehlt es sich, immer etwas Reservewasser von etwa 20–25 ml bereitzustellen. Ob dem Teig noch Feuchtigkeit fehlt, erkennt man nach etwa 7–8 Minuten Gesamtknetzeit. Das Reservewasser immer schlückchenweise dazugeben und erst komplett unterkneten, bevor weiteres Wasser hinzugefügt wird. Genauso kann es sein, dass bei der gleichen Menge Wasser 1–2 EL mehr Mehl benötigt werden.

6. Bei Mischbroten müssen klebereiweißarme mit klebereiweißreichen Mehlsorten gemischt werden. Bitte auf keinen Fall die Mehlsorten einfach austauschen. Mehl ist nicht einfach Mehl. Jedes Mehl hat andere Backeigenschaften und ist mit den anderen Zutaten des Rezepts genau aufeinander abgestimmt. Gerade bei Broten, bei denen nicht nur mit Hefe, sondern mit Sauerteig oder »Lievito madre« gearbeitet wird, ist es wichtig, sich an die genauen Angaben zu halten, um das Ergebnis zu erzielen, das du auf den Bildern sehen kannst.

7. Brote schmecken besonders aromatisch, sind bekömmlicher und werden besonders gut, wenn sie lange Zeit zum Gehen haben.

8. Zum Gehen lege ich die Teige gerne in eine leicht geölte Schüssel oder Teigwanne, dann kann der Teig leichter aufgehen, weil er nicht an der Schüssel kleben bleibt. Ich verwende dafür am liebsten Sonnenblumenöl.

9. Kalt angesetzte Teige (also mit kaltem statt mit lauwarmem Wasser) und über Nacht im Kühlschrank gereifte Teige sind besonders unkompliziert und bringen sensationelle Ergebnisse.

10. Unbedingt den sogenannten Fenstertest durchführen. Er ist ein Indikator für die Knetzeit! Der Teig muss sich elastisch und ohne einzureißen gut 7 cm auseinanderziehen lassen und so dünn sein, dass man wie durch ein Fenster hindurchsehen kann! Dann ist der Teig zur Weiterverarbeitung bereit.

11. Haltet euch zwingend an die Anleitung. Nur so werdet ihr mit eurem Ergebnis zufrieden sein.

12. Frischer Sauerteig muss unbedingt sehr aktiv sein, um verarbeitet zu werden! Dazu muss er mindestens zweimal die Woche gefüttert werden. Ist er das nicht, muss er mit einem Teil des Anstellguts und je zwei Teilen Wasser und Mehl in einer separaten Schüssel angerührt, abgedeckt und bei Raumtemperatur 12–14 Stunden frisch gezüchtet werden.

13. Bei Hefe verwende ich immer frische Hefe – die Ergebnisse sind einfach deutlich besser als mit Trockenhefe.

14. Zu guter Letzt: Ich verwende Himalaya-Salz. Meines Erachtens ist der Geschmack gerade in Broten einfach besser als mit herkömmlichem Salz.

Die wichtigsten Arbeitsschritte

In den Rezepten in diesem Buch werden einige Arbeitsschritte immer gleich gemacht. Diese erkläre ich hier ausführlich und in den Rezepten nur noch kurz. Sie sind dort jeweils mit einem Seitenverweis versehen – wer noch unsicher ist, kann also jederzeit hier wieder nachschlagen.

Als Brotback-Mantra gilt: Brot und Hefeteiggebäck werden am besten, wenn der Teig schön feucht ist und lange genug geknetet wurde. Das Kneten wird, wie bereits geschrieben, mit dem Fenstertest (s. S. 7) überprüft.

Ob genügend Feuchtigkeit in den Teig eingearbeitet wurde, kann man an seiner Konsistenz sehen und fühlen. Wenn der Teig nach dem langen Kneten nicht nur sehr elastisch ist, sondern auch weich aussieht, und sich ohne zu kleben von Knethaken, Teigkarte oder der Schüssel löst, ist es der perfekte Brotteig.

DEHNEN UND FALTEN

Dieser Schritt ist essenziell wichtig, um dem Teig (besonders bei Weizenmehlteigen) die bestmögliche Struktur und ordentlich Volumen zu geben. Auch die Tätigkeit der Hefe wird so angeregt. Das »Glutengerüst« wird dadurch noch weiter ausgebaut und kräftigt so den Brotlaib beim späteren Formen. Nach dem Kneten mit der KitchenAid wird der Teig in eine große, mit Speiseöl gefettete Schüssel/Teigwanne gegeben und abgedeckt. Er wird in der Regel dreimal gedehnt und gefaltet.

Die Hände vor dem Dehnen und Falten am besten mit etwas Speiseöl einfetten. Die Schüssel auf die Arbeitsfläche stellen:

1. Zum Dehnen mit der einen Hand unter den Teigball fahren. Das Ende greifen und langsam etwa 10–15 cm nach oben ziehen. Dieser Schritt kann bei sehr weichen Teigen mit einer Teigkarte vorgenommen werden.

2. Für das Falten den hochgezogenen Teig nun quer über die Mitte zur gegenüberliegenden Seite legen und leicht andrücken.

3. Die Schüssel nun etwas drehen. Schritt 1 und 2 ringsum insgesamt 5-bis 6-mal wiederholen. Die Schüssel wieder abdecken und den Teig mindestens 30 Minuten ruhen lassen. Dann erneut dehnen und falten. Abdecken, ruhen lassen und das Ganze ein drittes Mal wiederholen.

TEIG FORMEN

Den Teig aus der Schüssel auf die leicht bemehlte Arbeitsfläche gleiten lassen. Vorsichtig zu einem flachen Quadrat formen, dabei nicht zu stark drücken, um die Luft nicht herauszudrücken. Die linke und die rechte Seite jeweils zur Mitte legen.

Für längliche Brote das Rechteck ein wenig lang ziehen, von der kurzen Seite straff einrollen, die Seiten und die Öffnung mit den Fingern fest zusammendrücken. Mit dem Schluss nach oben in einen bemehlten Gärkorb setzen und mit einer Silikonhaube abdecken.

Für runde Brote den Teig zum Quadrat drücken, einklappen, wenden und mit den Handkanten zu einer Kugel drehen. Auf einer unbemehlten Unterlage den Teig vorsichtig zwischen den Handflächen im Kreis drehen, dabei rund formen. Der Teig liegt mit dem Schluss weiter auf der unbemehlten Arbeitsfläche. Durch das Drehen verschließt sich der Boden. Mit Schluss nach oben in einen gut bemehlten Gärkorb geben; alternativ in ein mit einem bemehltem Geschirrtuch ausgelegtes Nudelsieb. Abdecken.

BACKEN

Ich backe meine Brote immer bei Ober- und Unterhitze. Mit Umluft zu backen, ist bei Broten schwierig, weil die Brote bei der hohen Temperatur schnell von außen dunkel und knusprig werden, aber innen noch nicht durch sind. Wer gerne eine schöne Kruste haben will, kann den Ofen zum Ende der Backzeit noch ein paar Minuten auf Umluft umstellen.

Im Gusseisentopf:

Den Topf mit Deckel im Backofen bei 250 °C Ober-/Unterhitze vorheizen. Das Brot aus dem Gärkorb auf Backpapier gleiten lassen, ggf. mit einem Messer einschneiden. Den Topf aus dem Ofen nehmen, Deckel abnehmen, Brot hineingeben, Deckel aufsetzen und zurück in den Ofen stellen. Etwa 25 Minuten mit Deckel backen. Den Deckel abnehmen und weitere 20–30 Minuten backen.

Auf dem Pizzastein:

Diese Methode eignet sich nur für stabile, feste Teige, die nicht auseinanderlaufen. Der Pizzastein muss im Backofen auf 250 °C Ober-/Unterhitze vorgeheizt werden. Das Brot auf genügend Mehl, damit es nicht festkleben kann, direkt auf die Pizzaschaufel gleiten lassen und ggf. einschneiden. Das Brot auf den Stein schieben. Mit einer Sprühflasche einige Male Wasser in den Ofen sprühen oder eine feuerfeste Schale mit Wasser auf den Ofenboden stellen und den Ofen schnell schließen. Nach 20 Minuten die Tür einmal weit öffnen, ggf. die Schale herausnehmen und den Dampf entweichen lassen (ggf. die Schale entfernen). Bei 220 °C Ober-/Unterhitze 20–25 Minuten zu Ende backen.

Auf Backpapier und Backblech:

Wie beim Pizzastein sollte das Backblech mit vorgeheizt werden. Brot auf Backpapier auf das heiße Blech setzen. Mit Dampf oder Wasserschale (s. o.) backen.

In der Backform:

Alle Brote können auch in der Kasten- oder Springform gebacken werden. Auch hier ist der Dampf (s.o.) bzw. die Wasserschale wichtig. Nach 30 Minuten das Brot mit dem Backpapier aus der Form heben und frei zu Ende backen. So wird es ringsherum knusprig.

Wichtiger Tipp zum Schluss:

Das Brot ist fertig, wenn es hohl und dumpf klingt, wenn man auf den Boden klopft!

Grundrezept Sauerteigansatz

Für den Sauerteigansatz benötigt man nur 2 Zutaten und wenige Hilfsmittel: Weizenvollkorn- oder Roggenvollkornmehl in Bio-Qualität, da diese Mehle die besten Eigenschaften haben, und lauwarmes Wasser – dazu noch 4–5 Tage Zeit, ein sauberes, frisch ausgekochtes 0,5-l-Glas mit lockerem Deckel (oder mit einem Schraubdeckel mit kleinem Loch) sowie einen Esslöffel.

Um den Ansatz für die nächsten 4–5 Tage kuschelig warm zu halten, bietet sich eine große Kiste/ein Karton mit einer Bettdecke und 2–3 Wolldecken sowie eine sehr heiße Wärmflasche an.

Wenn du alles zusammen hast, kann es losgehen:

1. 4 leicht gehäufte EL Mehl in das Glas geben. So viel Wasser hinzufügen und glatt rühren (Roggenmehl benötigt etwas mehr), dass die Mischung etwa die Konsistenz von etwas dünnerem Quark hat. Dann den Deckel aufsetzen.
2. Für 24 Stunden »kuscheln« lassen. Dazu die Bettdecke auseinanderfalten und in den Karton legen. Darauf die Wärmflasche, dann eine Lage Wolldecke platzieren. Das Glas hineinstellen, die Wolldecke zuklappen, eine weitere darauflegen und die Bettdecke darüberschlagen. So hat der Teig mindestens 8 Stunden Wärme. Dann die Wärmflasche immer wieder erneuern, bis 24 Stunden um sind.
3. Nun kommen noch mal die gleiche Menge Mehl und lauwarmes Wasser dazu. Glatt rühren und erneut warm stellen. So für die nächsten 3–4 Tage verfahren. Wenn in dem Glas ein säuerlicher Geruch entsteht, der wie starkes Bier riecht, und der Teig deutlich sichtbare Blasen wirft, bist du stolze*r Besitzer*in eines aktiven Sauerteigs!
4. Ein weiteres 1-l-Glas mit Gummidichtung oder Twist-off-Deckel auskochen und den Sauerteigansatz hineingeben. Ab heute steht er im Kühlschrank.

Wenn du regelmäßig Brot backen möchtest, solltest du den Sauerteig zweimal pro Woche mit je 2 EL Mehl und 3 EL zimmerwarmem Wasser füttern. Klümpchenfrei unterrühren. So ist er immer aktiv.

Für gelegentliches Brotbacken reicht es, wenn du den Sauerteig einmal die Woche bis alle 14 Tage fütterst. Dann muss er allerdings zwingend, bevor er verarbeitet wird, neu gestartet werden. Also 30–50 g Ansatz plus 150 g Mehl und 150 ml handwarmes Wasser verrühren, abdecken und bei Raumtemperatur 24 Stunden reifen lassen. **Achtung!** Er geht richtig dabei auf und benötigt viel Platz.

Da Weizen- und Roggensauerteig unterschiedliche Eigenschaften besitzen, habe ich für meine Rezepte immer von beidem etwa 300–400 g im Kühlschrank stehen.

Brot

Dinkel-Sauerteigbrot

Dieses Brot ist durch den getrockneten Sauerteig ein großartiger Einstieg in die Welt des Brotbackens.

FÜR 1 STÜCK

780 g Dinkelmehl (Type 1050)
220 g Roggenmehl (Type 997)
20 g Salz
25 g getrockneter Vollkornsauerteig
20 g frische Hefe
1 TL Rohrzucker
1 EL Apfelessig

Außerdem:

Gusseisentopf

1. Alle Zutaten mit 700 ml lauwarmem Wasser in die große Rührschüssel geben. Erst auf Stufe 2 langsam verrühren, dann auf Stufe 5 etwa 8–9 Minuten kneten. Der Teig sollte weich und geschmeidig sein und beim Ziehen eine gute Elastizität haben. In eine geölte Schüssel geben und nach 30, 60 und 90 Minuten dehnen und falten (s. S. 8). Dann abgedeckt über Nacht im Kühlschrank gehen lassen.

2. Den Teig formen (s. S. 8/9) und abgedeckt bei Raumtemperatur 1 Stunde gehen lassen.

3. Den Backofen und den Gusseisentopf auf 250 °C Ober-/Unterhitze vorheizen. Das Brot aus der Schüssel auf Backpapier stürzen. Den Gusseisentopf aus dem Ofen nehmen. Das Brot mit Backpapier in den Topf heben, den Deckel aufsetzen und 25 Minuten mit Deckel backen. Den Deckel abnehmen, die Ofentemperatur auf 220 °C Ober-/Unterhitze reduzieren und das Brot 20–25 Minuten ohne Deckel weiterbacken, bis das Brot den gewünschten Bräunungsgrad hat.

Brennnesselbrot

Dieses Brot ist etwas Besonderes. Wer denkt, dass Brennnesseln Unkraut sind, irrt. Sie sind richtig gesund und reich an Eisen, Kalium und Magnesium. Und sie schlagen jede Zitrusfrucht im Vitamin-C-Gehalt.

FÜR 1 BROT

50 g zarte Brennnesselblätter (s. Tipp)
320 g helles Vollkornmehl
50 g Dinkel-Ruchmehl
3 g frische Hefe
10 g getrocknetes Backmalz
10 g getrocknetes Lievito madre (Mutterhefe)
1 TL Salz
2 EL Olivenöl
20 g Leinsamen
etwas Leinsamen, Sesam und Mohn zum Bestreuen (nach Belieben)

Außerdem:

Gusseisentopf

1. Brennnesselblätter nach Bedarf waschen und trocknen. Nach Belieben einige Blätter für die Dekoration beiseitestellen. Beide Mehlsorten, Hefe, Backmalz, Lievito madre und 280 ml Wasser auf Stufe 6–8 etwa 8 Minuten kneten. Salz und Öl dazugeben, weitere 3 Minuten kneten. Brennnesseln und Leinsamen 2 Minuten unterkneten. In eine geölte Schüssel geben, abdecken und 1½ Stunden ruhen lassen. Nach 45 und 70 Minuten dehnen und falten (s. S. 8).

2. Den Teig auf die bemehlte Arbeitsfläche gleiten lassen und sachte formen (s. S. 8/9). Mittig tief einschneiden. Mit etwas Wasser besprühen und mit Saaten bestreuen und diese andrücken. Nach Belieben Brennnesselblätter auf den Laib legen und andrücken.

3. Den Backofen und den Gusseisentopf auf 250 °C Ober-/Unterhitze vorheizen. Das Brot auf Backpapier legen, mit dem Papier in den Gusseisentopf geben und den Deckel auflegen. 20 Minuten backen, den Deckel abnehmen und weitere 20 Minuten fertig backen.

Tipp:

Nur die zarten, frischen Blätter der Brennnesseln verwenden. Mit einem Rollholz über die Blätter fahren und dabei drücken. So »brennen« sie nicht mehr.

Das Brot kann auch auf einem Pizzastein gebacken werden. Dann stellt man zusätzlich eine feuerfeste Schale mit Wasser auf den Ofenboden (s. S. 9).

Luzerner Ruchmehlbrot

Dieses Brot ist herrlich und gesund. Bei Ruchmehl handelt es sich um Weizen- oder Dinkelmehl, bei dem noch ein Teil der äußeren Schale enthalten ist. Dadurch hat es besonders viel Eiweiß, Vitamine und Mineralstoffe.

FÜR 1 BROT

35 g getrocknete Lievito madre (Mutterhefe)
350 g Ruchmehl
120 g Haferschrot
90 g Weizenmehl (Type 812)
4 g frische Hefe
1 TL Salz

Außerdem:

Gärkorb
Pizzastein und -schaufel

1. Für den Vorteig die Lievito madre mit 100 g Ruchmehl und 100 ml lauwarmem Wasser vermengen. Abdecken und 2 Stunden an einem warmen Ort stehen lassen.

2. In der Zwischenzeit Haferschrot mit 100 ml kochendem Wasser übergießen und 1 Stunde stehen lassen. Durch ein feines Sieb abgießen.

3. Alle Zutaten mit dem Vorteig, dem Haferschrot und 220 ml Wasser in die Rührschüssel geben. Erst auf Stufe 2 etwa 1 Minute kneten, dann auf Stufe 6–8 weitere 8–10 Minuten kneten, bis der Teig den Fenstertest (s. S. 7) besteht. In eine geölte Schüssel geben, diese abdecken und 1½ Stunden gehen lassen, dabei nach 45 und 70 Minuten dehnen und falten (s. S. 8).

4. Den Teig auf die leicht bemehlte Arbeitsfläche gleiten lassen und formen (s. S. 8/9). In einen gut bemehlten Gärkorb geben, abdecken und 30 Minuten gehen lassen.

5. Backofen und Pizzastein auf 250 °C Ober-/Unterhitze vorheizen. Den Pizzastein vorsichtig mit etwas Mehl bestreuen und das Brot darauf stürzen. Mittig tief einschneiden und mit etwas Wasser besprühen. Das Brot etwa 30 Minuten bei 250 °C Ober-/Unterhitze backen. Die Ofentemperatur auf 210 °C Ober-/Unterhitze reduzieren und das Brot weitere 15 Minuten backen.

Kartoffelbrot

Eigentlich werden für das Brot richtige Kartoffeln verwendet. Aber hey, warum kompliziert, wenn es auch einfach geht. Kartoffeln habe ich meist nicht im Haus, aber Kartoffelflocken sind immer da.

FÜR 1 BROT

4 g frische Hefe
40 g getrocknete Lievito madre (Mutterhefe)
600 g Weizenmehl (Type 405)
70 g Haferschrot
100 g Kartoffelflocken plus etwas mehr zum Bestreuen (nach Belieben)
20 g helles Vollkornmehl
1 EL Salz
¼ TL geriebene Muskatnuss

Außerdem:

Pizzastein
Gärkorb

1. Hefe, Lievito madre und 600 ml handwarmes Wasser verrühren. 200 g Weizenmehl unterrühren, abdecken und 3–4 Stunden gehen lassen. Der Teig sollte sein Volumen deutlich vergrößern.

2. Haferschrot knapp mit kochendem Wasser bedecken und ebenfalls 3–4 Stunden stehen lassen.

3. Die restlichen Zutaten (bis auf das Salz) mit dem Vorteig und dem Haferschrot (mit dem Einweichwasser) in die Rührschüssel geben und auf Stufe 2 kurz verrühren. Auf Stufe 4 etwa 3 Minuten, dann auf Stufe 6–8 weitere 8–9 Minuten kneten, bis der Teig den Fenstertest (s. S. 7) besteht. In eine geölte Schüssel geben, abdecken und 3 Stunden bei Raumtemperatur gehen lassen, dabei nach 30, 60 und 90 Minuten dehnen und falten (s. S. 8).

4. Den Teig auf die bemehlte Arbeitsfläche gleiten lassen, formen (s. S. 8/9) und mit dem Schluss nach oben in einen bemehlten Gärkorb legen. Abdecken und 1 Stunde gehen lassen.

5. Backofen und Pizzastein auf 250 °C Ober-/Unterhitze vorheizen. Den Pizzastein vorsichtig bemehlen, das Brot darauf stürzen und mit etwas Wasser besprühen. Nach Belieben die Kartoffelflocken darüberstreuen. Mit Dampf (s. S. 9) 20 Minuten backen. Die Ofentür öffnen, um den Dampf entweichen zu lassen (ggf. das Schüsselchen entnehmen). Die Ofentemperatur auf 200 °C Ober-/Unterhitze reduzieren und das Brot weitere 40–45 Minuten fertig backen.

Dreischrotbrot

Mein Dreischrotbrot ist für alle, die ihr Brot saftig und mit Biss mögen. Der Roggenmehlanteil gibt zusätzlich noch ein kräftiges Aroma.
Es ist eines meiner Lieblingsrezepte.

FÜR 1 BROT

je 70 g Hafer-, Weizen- und Roggenvollkornschrot
600 g Weizenmehl (Type 812)
130 g Roggenmehl (Type 997)
20 g getrockneter Sauerteig
25 g getrocknete Lievito madre (Mutterhefe)
12 g getrocknetes Backmalz
3 g frische Hefe
1 EL Salz
etwas Hafer-, Weizen-, Roggenvollkornschrot zum Bestreuen (nach Belieben)

Außerdem:

Gusseisentopf

1. Die 3 Schrotsorten mit heißem Wasser übergießen und 1 Stunde stehen lassen. In ein Sieb abgießen und gut abtropfen lassen.
2. Den Schrot mit den restlichen Zutaten bis auf das Salz in der Rührschüssel kurz auf Stufe 1 verkneten. Dann auf Stufe 4 etwa 2–3 Minuten kneten. Das Salz dazugeben. Auf Stufe 6–8 für mindestens weitere 7–8 Minuten kneten, bis der Teig den Fenstertest (s. S. 7) besteht. In eine geölte Schüssel geben, abdecken und 3 Stunden gehen lassen. Nach 30, 60 und 90 Minuten dehnen und falten (s. S. 8).
3. Den Teig in den Topf geben und mit etwas Wasser besprühen. Mit Schrot bestreuen und mittig tief einschneiden. Nochmals 20 Minuten gehen lassen.
4. Den Backofen auf 220 °C Ober-/Unterhitze vorheizen. Das Brot mit Deckel 25 Minuten backen. Den Deckel abnehmen, die Ofentemperatur auf 240 °C Ober-/Unterhitze erhöhen und weitere 15–20 Minuten backen.

Cranberry-Walnuss-Brot

Fruchtig, nussig und richtig herzhaft – so schmeckt mein Cranberry-Walnuss-Brot. Ich mag es am liebsten mit Käse: eine großartige Kombination.

FÜR 1 BROT

70 g Roggensauerteig (aus dem Kühlschrank)
80 g Roggenmehl (Type 1050)
410 g Dinkelvollkornmehl
80 g Cranberrys
70 g Walnüsse
1 TL Salz
ca. 50 g Weizenmehl (Type 550)

Außerdem:

Gärkorb

1. Sauerteig, Roggen- und Dinkelmehl mit 300 ml kaltem Wasser in der Rührschüssel verrühren und 1½ Stunden stehen lassen.
2. In der Zwischenzeit Cranberrys und Walnüsse mit heißem Wasser übergießen und 30 Minuten stehen lassen. Durch ein Sieb abgießen.
3. Die Sauerteigmischung zuerst auf Stufe 2 kurz verrühren, dann 4–5 Minuten auf Stufe 4 kneten. Das Salz dazugeben und den Teig auf Stufe 6–8 mindestens 5 Minuten kneten, bis er den Fenstertest (s. S. 7) besteht.
4. Dann die Cranberrys und Walnüsse sowie bis zu 50 g Weizenmehl unterkneten. In eine geölte Schüssel geben, abdecken und 2 Stunden gehen lassen. Nach 30, 60 und 90 Minuten dehnen und falten (s. S. 8). Abgedeckt 24 Stunden im Kühlschrank gehen lassen.
5. Den Teig auf die bemehlte Arbeitsfläche gleiten lassen, formen (s. S. 8/9) und mit dem Schluss nach oben in einen mit Roggenmehl bemehlten Gärkorb legen. Abdecken und 2 Stunden gehen lassen.
6. Den Backofen und das Blech auf 250 °C Ober-/Unterhitze vorheizen. Das Brot auf Backpapier stürzen, auf das Blech legen und mit Dampf (s. S. 9) 45 Minuten backen.

Weizen-Sauerteigbrot

Dieses Brot schmeckt wie von deinem Lieblingsbäcker. Durch den getrockneten Sauerteig ist es ein klasse Rezept zum Einstieg, schmeckt aber nach echter Brotkunst. Der Kefir macht es besonders lecker.

FÜR 1 BROT

Für den Vorteig:

100 g Weizenmehl (Type 550)
17 g getrockneter Vollkorn-Sauerteig
0,5 g frische Hefe

Für den Teig:

230 g Weizenmehl (Type 405)
200 g Weizenmehl (Type 550)
1 g frische Hefe
200 ml Kefir
1 EL Ahornsirup
1 EL Salz

Außerdem:

Pizzastein und -schaufel

1. In der Rührschüssel die Zutaten für den Vorteig mit 100 ml kaltem Wasser kurz verkneten. Abgedeckt 4 Stunden bei Raumtemperatur stehen lassen.

2. Die Zutaten für den Teig bis auf das Salz in die Rührschüssel zum Vorteig geben und mit dem Knethaken zuerst auf Stufe 2 für 2 Minuten, dann auf Stufe 4 weitere 5 Minuten kneten. Das Salz dazugeben und auf Stufe 6–8 weiterkneten, bis der Teig den Fenstertest (s. S. 7) besteht. Den Teig in eine geölte Schüssel geben, abdecken und 2 Stunden gehen lassen Nach 30, 60 und 90 Minuten dehnen und falten (s. S. 8).

3. Den Backofen und Pizzastein auf 220 °C Ober-/Unterhitze vorheizen. Den Teig auf die bemehlte Arbeitsfläche geben und zu einem Laib formen (s. S. 8/9). Mit der Pizzaschaufel auf den Pizzastein geben und 15 Minuten mit Dampf (s. S. 9) backen. Die Ofentür öffnen, um den Dampf entweichen zu lassen (ggf. das Schüsselchen entfernen) und das Brot weitere 40 Minuten zu Ende backen.

Gerstenbrot

Gerstenbrot ist mein persönliches Lieblingsbrot. Ich mag den nussigen, leicht süßen Geschmack. Gerste wird als Mehl leider viel zu selten verwendet. Vielleicht weckt dieses Brot ja dein Interesse an Gerstenmehl.

FÜR 1 BROT

140 g Roggensauerteig (aus dem Kühlschrank)
300 g Gerstenmehl
390 g Weizenmehl (Type 812)
5 g frische Hefe
1 leicht gehäufter EL Salz

Außerdem:
Gärkorb

1. Sauerteig, 150 g Gerstenmehl, 150 g Weizenmehl und 250 ml lauwarmes Wasser so lange verrühren, bis keine Klümpchen mehr zu sehen sind. Abdecken und 3 Stunden bei Zimmertemperatur stehen lassen.

2. Den Sauerteigansatz mit dem restlichen Mehl, Hefe und 240 ml Wasser in die Rührschüssel geben und auf Stufe 1 verrühren. Dann 2–4 Minuten auf Stufe 4 kneten. Salz dazugeben und mindestens weitere 5 Minuten kneten, bis der Teig den Fenstertest (s. S. 7) besteht. In eine geölte Schüssel geben, abdecken und 36 Stunden im Kühlschrank gehen lassen.

3. Den Teig auf die mit Gerstenmehl bemehlte Arbeitsfläche geben und flach drücken, dann dehnen und falten (s. S. 8). Teigling formen (s. S. 8/9) und mit dem Schluss nach oben in einen gut mit Gerstenmehl bemehlten Gärkorb legen. Abdecken und 2½ Stunden bei Raumtemperatur gehen lassen.

4. Den Backofen auf 250 °C Ober-/Unterhitze vorheizen. Das Brot auf ein mit Backpapier belegtes Blech stürzen, einschneiden und mit Dampf (s. S. 9) 20 Minuten backen. Die Ofentür öffnen, um den Dampf entweichen zu lassen (ggf. das Schüsselchen entfernen). Die Ofentemperatur auf 220 °C Ober-/Unterhitze reduzieren und weitere 30 Minuten backen.

Pesto-Brot

Hier treffen fluffiges Weißbrot und pikantes Pesto aufeinander. Ein Brot, das beim Grillen oder Picknick auf keinen Fall fehlen darf.

FÜR 1 BROT

Für den Teig:

25 g frische Hefe
1 EL Zucker
100 g weiche Butter
550 g Weizenmehl (Type 405)
1 EL Salz

Für das Pesto:

2 Knoblauchzehen
3 Stiele Basilikum
110 g getrocknete Tomaten (in Öl)
1–2 TL Tomatenöl
5–7 Scheiben eingelegte Jalapeños
25 g Parmesan
Salz
Pfeffer
50 g Walnüsse
1 TL Zitronensaft

Außerdem:

grobes Salz zum Bestreuen (nach Belieben)
Kastenform (30 cm lang)

1. Für den Teig die Hefe mit dem Zucker in 240 ml handwarmem Wasser auflösen. Die Butter in Würfel schneiden. Alle Zutaten bis auf die Butter in die Rührschüssel geben. Das Hefewasser hinzufügen und auf Stufe 2 langsam verkneten. Auf Stufe 6 schalten, die Butter dazugeben und alles 8–10 Minuten kneten, bis der Teig den Fenstertest (s. S. 7) besteht. In eine geölte Schüssel geben, abdecken und 3–4 Stunden an einem warmen Ort gehen lassen.

2. Zwischenzeitlich für das Pesto den Knoblauch schälen, Basilikum waschen und trocken schütteln. Mit den restlichen Zutaten mit einem Food Processor oder Stabmixer pürieren.

3. Die Form mit Backpapier auslegen. Den Teig auf etwas Mehl gleiten lassen, kurz durchkneten, zu einem etwa 60 × 50 cm großen Rechteck ausrollen. Das Pesto darauf verstreichen. Den Teig von der kurzen Seite her aufrollen. Den Schluss fest zusammendrücken. Mit dem Schluss nach unten in die Form geben, abdecken und 30 Minuten gehen lassen.

4. Den Backofen auf 180 °C Ober-/Unterhitze vorheizen. Das Brot nach Belieben mit Wasser bestreichen und mit dem groben Salz bestreuen. Etwa 40 Minuten backen.

Helles Schwarzbrot

An sich ist der Name des Brots ein Widerspruch. Wie soll ein Schwarzbrot hell sein? Das Schwarzbrot bekommt durch die Zugabe von Zuckerrübensirup seine Farbe. Ich habe für dieses Rezept keinen dunklen, sondern hellen Sirup verarbeitet – daher der Name.

FÜR 1 BROT

Für den ersten Teig:

50 g Roggenschrot
50 g Weizenvollkornschrot
50 g Sonnenblumenkerne
25 g Leinsamen
120 ml Milch
1 TL Zitronensaft
½ TL Salz

Für den zweiten Teig:

30 g Weizenvollkornmehl
1 TL Roggensauerteig (aus dem Kühlschrank)

Für den dritten Teig:

120 g Weizenmehl (Type 815)
1 g frische Hefe

Außerdem:

30 g Salzkaramell-Rübensirup oder hellen Rübensirup
60 g Weizenvollkornmehl
0,5 g frische Hefe
1 EL Sonnenblumenöl
Butter für die Form
Sonnenblumenkerne zum Bestreuen (nach Belieben)
Pollerbrotform (Ø 12 cm)

1. Für den ersten Teig beide Schrotsorten mit Sonnenblumenkernen, Leinsamen, Milch, Zitronensaft und Salz verrühren. Für den zweiten Teig das Mehl und den Sauerteig mit 30 ml lauwarmem Wasser vermengen. Für den dritten Teig Mehl und Hefe mit 120 ml lauwarmem Wasser verrühren. Alle 3 Teige abdecken und bei Raumtemperatur 6 Stunden gehen lassen.

2. Die 3 Teige in die Rührschüssel geben und Rübensirup, Weizenvollkornmehl, Hefe und Sonnenblumenöl dazugeben und 5 Minuten auf Stufe 6–8 kneten. Die Form mit Butter ausstreichen und nach Belieben mit Sonnenblumenkernen ausstreuen. Den Teig in die Form geben, abdecken und 1 Stunde gehen lassen.

3. Den Backofen auf 220 °C Ober-/Unterhitze vorheizen. Das Brot mit Dampf (s. S. 9) 15 Minuten backen. Die Ofentür öffnen, um den Dampf entweichen zu lassen (ggf. das Schüsselchen entfernen). Die Ofentemperatur auf 200 °C Ober-/Unterhitze reduzieren und das Brot weitere 40 Minuten backen. Aus dem Ofen nehmen und in der Form auskühlen lassen.

Bayrischer Bauernlaib

Ein uriges, rustikales Landbrot – perfekt zum Vespern. Ich habe hier bewusst auf Sauerteig verzichtet, um zu zeigen, dass ein gutes Brot auch ganz ohne auskommen kann.

FÜR 1 BROT

900 g Weizenmehl (Type 1050)
1 Würfel frische Hefe
1 EL Salz
1–2 TL Kräuter-Brotgewürz

Außerdem:

1 großer runder oder ovaler Bräter (nach Belieben mit Deckel, siehe Tipp)

1. Die Zutaten mit 600 ml lauwarmem Wasser in die Rührschüssel geben und auf Stufe 6–8 mindestens 7–9 Minuten kneten. Teig in eine geölte Schüssel geben, abdecken und an einem warmen Ort 1 Stunde gehen lassen.
2. Auf die leicht bemehlte Arbeitsfläche gleiten lassen, flach drücken und 5- bis 6-mal ziehen und übereinander falten. Umdrehen und ohne Mehl formen (s. S. 9). Auf Backpapier setzen, abdecken und 20 Minuten gehen lassen.
3. Backofen und Bräter auf 250 °C Ober-/Unterhitze vorheizen. Das Brot einschneiden und mit dem Backpapier in den Bräter setzen. Das Papier dabei an den Rand des Bräters drücken (Achtung: heiß!), um mehr Platz für das Brot zu bekommen. Das Brot 30 Minuten mit Deckel backen. Den Deckel abnehmen, die Ofentemperatur auf 220 °C Ober-/Unterhitze reduzieren und weitere 20 Minuten backen.

Tipp:

Wenn das Brot ohne Deckel gebacken wird, eine feuerfeste Schale mit Wasser auf den Ofenboden stellen. Nach 30 Minuten die Ofentür kurz öffnen, um den Dampf entweichen zu lassen und das Schälchen zu entnehmen. Wie oben weiterbacken.

Müslibrot

Dieses Müslibrot ist kein süßes Brot, wie man es wahrscheinlich vermuten würde. Es schmeckt großartig mit Käse oder Schinken, aber natürlich auch mit Konfitüre oder Honig.

FÜR 1 BROT

390 g Müslimischung (ohne Zuckerzusatz)
320 ml Milch
25 g frische Hefe
30 g Zucker plus 1 TL für den Vorteig
100 g Butter
390 g Weizenmehl (Type 1050)
250 g Weizenvollkornmehl
2 Eier (Größe M)
½ TL Salz
1 EL geschmolzene Butter zum Bestreichen

1. 1 EL Müslimischung zum Bestreuen beiseitestellen. 200 ml Milch erhitzen, das restliche Müsli damit übergießen und stehen lassen. 120 ml Milch lauwarm erhitzen und mit 120 ml lauwarmem Wasser, der Hefe und 1 TL Zucker verrühren, abdecken und 15 Minuten gehen lassen. Die Butter schmelzen und abkühlen lassen.

2. Beide Mehlsorten mischen und in die große Rührschüssel geben. Butter, Eier und Hefegemisch zum Mehl geben und alles auf Stufe 2 kurz verkneten. Salz dazugeben und auf Stufe 5 etwa 5 Minuten kneten. Die Müslimischung hinzufügen und erst auf Stufe 2 unterkneten, bis die Flüssigkeit aufgenommen ist, dann auf Stufe 6–8 weitere 7–8 Minuten kneten, bis der Teig den Fenstertest (s. S. 7) besteht. Ist der Teig noch zu feucht, 1–2 EL Mehl dazugeben und unterkneten. Den Teig in eine geölte Schüssel geben, abdecken und 1½ Stunden gehen lassen. Dabei nach 30 und 60 Minuten dehnen und falten (s. S. 8).

3. Den Backofen auf 200 °C Ober-/Unterhitze vorheizen. Ein Backblech mit Backpapier belegen. Den Teig auf eine leicht bemehlte Arbeitsfläche gleiten lassen und kurz einmal kneten. Dann formen (s. S. 8/9) und auf das Blech legen. Mittig einschneiden und das Brot mit geschmolzener Butter einstreichen. Die beiseitegestellte Müslimischung daraufstreuen. 25 Minuten mit Dampf (s. S. 9) backen. Die Ofentür öffnen, um den Dampf entweichen zu lassen (ggf. das Schüsselchen entfernen). Die Temperatur auf 180 °C Ober-/Unterhitze reduzieren und das Brot weitere 30–35 Minuten backen.

Tipp:

Anstelle einer fertigen Müslimischung kann man das Müsli auch selbst mischen: aus Kernen, Saaten, Früchten, Nüssen und Haferflocken – ganz nach eigenem Geschmack und Belieben.

Butter-Toastbrot

Dieses Toastbrot ist herrlich buttrig. Um genau diesen Geschmack zu bekommen, solltest du richtig gute Butter verwenden. Probier es auch mal mit Süßrahmbutter.

FÜR 1 BROT

460 g Weizenmehl (Tipo 00)
4 g frische Hefe
½ TL Zucker
¾ TL Salz
35 g weiche Butter plus etwas mehr für die Form
1 Ei (Größe S)

Außerdem:

Kastenform (21 cm lang) mit Deckel

1. Alle Zutaten mit 280 ml lauwarmem Wasser in die Rührschüssel geben und auf Stufe 2 kurz verrühren. Dann auf Stufe 6–8 mindestens 8–10 Minuten kneten, bis der Teig den Fenstertest (s. S. 7) besteht. In eine geölte Schüssel geben, abdecken und an einem warmen Ort 1 Stunde gehen lassen.

2. Auf der leicht bemehlten Arbeitsfläche durchkneten. Zu einem Quadrat von etwa 20 cm drücken. Aufrollen und den Schluss gut mit den Fingern verschließen. Die Form gut mit weicher Butter einstreichen. Die Rolle mit Schluss nach unten in die Form legen. Den Deckel schließen und bei Raumtemperatur 1 Stunde gehen lassen.

3. Den Backofen auf 220 °C Ober-/Unterhitze vorheizen. Das Brot im unteren Drittel des Ofens mit Deckel 25 Minuten backen. Die Ofentemperatur auf 200 °C Ober-/Unterhitze reduzieren und das Brot mit Deckel weitere 20 Minuten backen. Das Brot direkt nach dem Backen aus der Form nehmen und auf einem Kuchengitter abkühlen.

Brauerbrotlaib

Ein Brot für echte Kerle! Überrasche deinen Mann, Freund, Vater doch mal mit diesem Brot. Es ist kräftig und durch das Bier hat es eine besonders aromatische Note. Wer mag, kann die Biersorte auch ändern und ein dunkles oder Weizenbier verwenden.

FÜR 1 BROT

Für den Vorteig:

100 g Roggensauerteig (aus dem Kühlschrank)
100 g Roggenmehl (Type 997)

Für den Teig:

500 g Weizenmehl (Type 812)
70 g Roggenvollkornmehl
1 g frische Hefe
380 ml kräftiges helles Bier plus etwas mehr als Reserve
1 TL Brotgewürz (nach Geschmack auch mehr)
1 EL Salz

Außerdem:

Gärkorb
Gusseisentopf

1. Für den Vorteig Sauerteig, Roggenmehl und 130 ml lauwarmes Wasser glatt rühren, abdecken und 12–16 Stunden bei Raumtemperatur stehen lassen, bis sich das Volumen verdoppelt hat.

2. Alle Zutaten für den Teig (bis auf das Salz) zusammen mit dem Vorteig zuerst auf Stufe 2 kurz verrühren, dann auf Stufe 4 etwa 3–4 Minuten kneten. Salz dazugeben und mindestens 7–9 Minuten weiterkneten, bis der Teig den Fenstertest (s. S. 7) besteht. In eine geölte Schüssel geben, abdecken und 5 Stunden (oder über Nacht) gehen lassen. Dabei nach 30, 60 und 90 Minuten dehnen und falten (s. S. 8).

3. Auf eine leicht bemehlte Arbeitsfläche gleiten lassen und formen (s. S. 8/9). Mit dem Schluss nach unten in den Gärkorb legen, abdecken und 1 Stunde gehen lassen.

4. Den Backofen und den Gusseisentopf auf 250 °C Ober-/Unterhitze vorheizen. Das Brot auf Backpapier stürzen, mit dem Papier in den Topf legen und mit Deckel 25 Minuten backen. Den Deckel abnehmen und das Brot weitere 25–30 Minuten backen.

Nussbrot

Nussiges Brot ist etwas richtig Leckeres. Es passt perfekt zu einer Käseplatte. Aber auch mit süßem Brotaufstrich punktet es auf ganzer Linie. Probier es auch mal mit aufgeschnittenem kaltem Braten ... Ach, es ist mein heimlicher Liebling.

FÜR 1 BROT

Für den Sauerteig:

100 g Weizensauerteig (aus dem Kühlschrank)
60 g Weizenvollkornmehl

Für den Vorteig:

25 g getrocknetes Backmalz
100 g Weizenvollkornmehl
600 g Weizenmehl (Type 405)
50 g Weizenvollkornschrot
500 ml Buttermilch

Außerdem:

120 g gemischte geröstete und gesalzene Nüsse
1 g frische Hefe
1 EL Salz
Gärkorb
Pizzastein und -schaufel

1. Sauerteig mit 50 ml handwarmem Wasser und Weizenvollkornmehl verrühren, abdecken und bei Raumtemperatur 4–6 Stunden stehen lassen, bis der Sauerteig sein Volumen verdoppelt hat.

2. Für den Vorteig alle Zutaten kurz verkneten, sodass das Mehl gerade eingearbeitet ist. Abdecken und 2 Stunden bei Raumtemperatur stehen lassen. In der Zwischenzeit die Nüsse grob hacken.

3. Vorteig, Sauerteig und Hefe erst auf Stufe 2 langsam kneten, dann auf Stufe 6–8 etwa 5 Minuten weiterkneten. Das Salz dazugeben. Falls der Teig sich wie ein fester Ball um den Knethaken legt, schluckweise bis zu 50 ml Wasser hinzufügen. Der Teig sollte nach 8–10 Minuten elastisch und feucht sein und den Fenstertest (s. S. 7) bestehen. Die Nüsse mit den Händen unterheben. Teig in eine geölte Schüssel geben, abdecken und bei Raumtemperatur 2 Stunden gehen lassen; dabei nach 30, 60 und 90 Minuten dehnen und falten (s. S. 8). Über Nacht im Kühlschrank gehen lassen.

4. Teig auf etwas Mehl gleiten lassen und formen (s. S. 8/9). Mit dem Schluss nach oben in den bemehlten Gärkorb geben, abdecken und 1 Stunde gehen lassen.

5. Backofen und Pizzastein auf 250 °C Ober-/Unterhitze vorheizen. Den Teig auf die bemehlte Pizzaschaufel stürzen, einschneiden und vorsichtig auf den heißen Pizzastein schieben. Mit Dampf (s. S. 9) 25 Minuten backen. Die Ofentür öffnen, um den Dampf entweichen zu lassen (ggf. das Schüsselchen entnehmen). Die Ofentemperatur auf 230 °C Ober-/Unterhitze reduzieren und weitere 30–35 Minuten zu Ende backen.

Zwiebelbrot

Zwiebelbrot gehört auf jeden Party- und BBQ-Tisch. Meines ist – dadurch, dass es so schön rustikal aussieht – auch ein tolles Mitbringsel für den nächsten Grillabend.

FÜR 1 BROT

250 g Zwiebeln
1 EL Butter
1 EL Salz
1 EL brauner Zucker
5 g frische Hefe
15 g getrocknete Lievito madre (Mutterhefe)
330 g Weizenmehl (Type 550)
100 g Roggenmehl (Type 997)
10 g getrocknetes Backmalz

1. Die Zwiebeln schälen und in grobe Würfel schneiden. In einer Pfanne mit Butter und Salz schmoren, bis die Zwiebeln anfangen zu bräunen. Den Zucker dazugeben und karamellisieren lassen. Vom Herd nehmen und abkühlen lassen.

2. Hefe und Lievito madre mit 280 ml lauwarmem Wasser verrühren und 5 Minuten stehen lassen.

3. Alle anderen Zutaten in die Rührschüssel geben. Das Hefewasser dazugeben und kurz verrühren. Dann auf Stufe 6–8 kneten, bis der Teig den Fenstertest (s. S. 7) besteht. Dann die Zwiebeln unterkneten. Teig in eine geölte Schüssel geben, abdecken und an einem warmen Ort 3 Stunden gehen lassen. Nach 20 und 45 Minuten dehnen und falten (s. S. 8).

4. Teig auf etwas Mehl gleiten lassen und zu einer etwa 45 cm langen Rolle formen. Die Rolle auf ein mit Backpapier belegtes Backblech geben. Mit Mehl bestäuben, 2- bis 3-mal verdrehen und mit einem Tuch abdecken.

5. Den Backofen auf 250 °C Ober-/Unterhitze vorheizen. Das Brot 20 Minuten mit Dampf (s. S. 9) backen. Die Ofentür öffnen, um den Dampf entweichen zu lassen (ggf. das Schüsselchen entnehmen). Die Ofentemperatur auf 220 °C Ober-/Unterhitze reduzieren und weitere 20–25 Minuten zu Ende backen.

handmade

Roggen-Sauerteigbrot

Dieses Brot ist vollkommen unkompliziert. Nur die Zeit vor dem eigentlichen Backen ist hier recht lang, da der Sauerteig so richtig aktiv sein muss. Es lohnt sich aber, es einmal auszuprobieren.

FÜR 1 BROT

Für den Vorteig:

100 g Roggensauerteig (aus dem Kühlschrank)
150 g Roggenvollkornmehl plus 4 weitere EL

Für den Teig:

160 g Roggenvollkornmehl
560 g Weizenmehl (Type 812)
1 EL getrocknetes Backmalz
30 ml Ahornsirup
0,5 g frische Hefe
1 EL Salz

Außerdem:

großer Gärkorb
Gusseisentopf

1. Für den Vorteig den Sauerteig, das Mehl und 150 ml lauwarmes Wasser verrühren, abdecken und bei Raumtemperatur 12 Stunden stehen lassen. 2 EL Roggenmehl und 40 ml lauwarmes Wasser klümpchenfrei unterrühren. Abdecken, in eine Decke hüllen und weitere 6 Stunden reifen lassen. Anschließend nochmals 2 EL Roggenmehl und 40 ml lauwarmes Wasser dazugeben und glatt rühren. Weitere 6 Stunden in einer Decke reifen lassen. Wenn der Sauerteig Blasen wirft und sein Volumen deutlich vergrößert hat, kann er verarbeitet werden.

2. Alle Zutaten für den Teig (bis auf das Salz) mit dem Sauerteig und 400 ml Wasser in der Rührschüssel auf Stufe 2 kurz verrühren. Auf Stufe 4 etwa 3–4 Minuten kneten. Das Salz dazugeben. Auf Stufe 6–8 weitere 7–9 Minuten kneten, bis der Teig den Fenstertest (s. S. 7) besteht. In eine geölte Schüssel geben, abdecken und 2 Stunden gehen lassen. Dabei nach 30, 60 und 90 Minuten dehnen und falten (s. S. 8). Anschließend 12–14 Stunden im Kühlschrank gehen lassen.

3. Teig auf eine bemehlte Arbeitsfläche gleiten lassen und formen (s. S. 8/9). Mit dem Schluss nach oben in den bemehlten Gärkorb oder in ein mit einem Tuch ausgelegtes Nudelsieb geben. Abdecken und im Kühlschrank nochmals 5 Stunden gehen lassen.

4. Den Backofen und den Gusseisentopf auf 250 °C Ober-/Unterhitze vorheizen. Das Brot auf Backpapier stürzen, einschneiden, mit dem Papier in den Topf legen und mit Deckel 20 Minuten backen. Den Deckel abnehmen, die Ofentemperatur auf 220 °C Ober-/Unterhitze reduzieren und das Brot weitere 35 Minuten backen.

Haferbrot

Mein Haferbrot ist unglaublich saftig und hat dank Vollkornmehl und Schrot einen kernigen Biss. Ansonsten ist es ein mildes Brot und kommt ganz ohne Sauerteig aus.

FÜR 1 BROT

380 g Weizenmehl (Type 550)
50 g Weizenvollkornmehl
30 g Weizenschrot
3 g frische Hefe
100 g zarte Haferflocken
1 EL Salz

Zum Bestreuen:

15 g zarte Haferflocken
15 g kernige Haferflocken

Außerdem:

Gärkorb
Gusseisentopf

1. Mehl, Weizenschrot, Hefe und 330 ml Wasser verkneten, bis das Mehl gerade eingearbeitet ist. Abdecken und an einem warmen Ort 2 Stunden stehen lassen.

2. Haferflocken mit 80 ml kochendem Wasser übergießen und 1 Stunde stehen lassen.

3. Die eingeweichten Haferflocken und den vorgereiften Teig 5 Minuten auf Stufe 6–8 kneten. Dann das Salz dazugeben und 4–5 Minuten weiterkneten, bis der Teig den Fenstertest (s. S. 7) besteht. In eine geölte Schüssel geben. Da der Teig die gesamte Zeit recht klebrig ist, am besten mit einer Teigkarte arbeiten.

4. Den Teig abdecken und 5–6 Stunden im Kühlschrank gehen lassen. Dabei nach 30, 60 und 90 Minuten zum Dehnen und Falten (s. S. 8) aus dem Kühlschrank nehmen.

5. Teig auf die leicht bemehlte Arbeitsfläche geben und formen (s. S. 8/9). Den Gärkorb mit einem Tuch auslegen und gut bemehlen. Das Brot mit dem Schluss nach oben in den Gärkorb geben, abdecken und gehen lassen, bis der Ofen vorgeheizt ist.

6. Backofen und Gusseisentopf auf 250 °C Ober-/Unterhitze vorheizen. Die Haferflocken zum Bestreuen vermischen. Das Brot auf Backpapier stürzen, mit Wasser bestreichen und mit Haferflocken bestreuen. Das Brot mit dem Papier in den Topf legen und mit Deckel 30 Minuten backen. Den Deckel abnehmen, die Ofentemperatur auf 220 °C Ober/Unterhitze reduzieren und das Brot weitere 20 Minuten backen.

Saaten-Kerne-Brioche

Diese Brioche ist mit den Saaten und Kernen perfekt für Sandwiches: luftig und buttrig, aber eben auch knackig und nussig.

FÜR 1 GROSSE ODER 2 KLEINE BRIOCHES

Für den Vorteig:

1 EL brauner Zucker
8 g frische Hefe
1 EL Weizenmehl (Type 550)

Für den Teig:

80 g Leinsamen
70 g Sonnenblumenkerne
50 g geschälte Hanfsamen
70 g Kürbiskerne
20 g Chiasamen
600 g Weizenmehl (Type 550)
200 g Weizenmehl (Tipo 00)
150 g Manitoba-Mehl
2 Eier (Größe M)
75 g getrocknete Lievito madre (Mutterhefe)
1½ EL Salz
230 g weiche Butter
etwas Öl für die Backform

1. In der großen Rührschüssel 500 ml warmes Wasser mit dem Zucker und der Hefe verrühren, bis beides aufgelöst ist. 1 EL Mehl über die Flüssigkeit stäuben und mit einem Geschirrtuch abgedeckt 30 Minuten ruhen lassen.
2. In der Zwischenzeit die Kerne und Samen in einer kleinen Schale mischen und mit kochendem Wasser übergießen. 30 Minuten stehen lassen, dann abgießen.
3. Das übrige Mehl, Eier, Lievito madre, Kerne-Samen-Mischung und Salz zu dem Vorteig geben und auf Stufe 2 etwa 1–2 Minuten verkneten. Nun stückchenweise die Butter dazugeben und unterkneten. Den Teig auf Stufe 6–8 mindestens 10 Minuten zu einem geschmeidigen Teig kneten. Der Teig sollte sich nach dieser Zeit komplett vom Schüsselrand gelöst haben. Sollte das nicht der Fall sein, weitere 1–2 TL Mehl dazugeben und gut unterkneten. Den Teig in eine geölte Schüssel geben, abdecken und 1½ Stunden gehen lassen. Nach 30 und 60 Minuten dehnen und falten (s. S. 8). Der Teig sollte sein Volumen verdoppelt haben.
4. Die Backform leicht einfetten. Den Teig auf eine leicht bemehlte Arbeitsfläche geben und einmal durchkneten, damit die Luftblasen entweichen können. Nun mit den Händen den Teig zu einem etwa 60 × 40 cm großen Rechteck flach drücken. Von der kürzeren Seite einmal übereinander klappen, sodass ein etwa 30 cm großes Rechteck entsteht. Von unten nach oben zusammenrollen, flach drücken und die Enden unter die Seiten schieben.

Außerdem:

1 Ei zum Bestreichen
Leinsamen, Sonnenblumenkerne, Hanfsamen, Kürbiskerne zum Bestreuen (nach Belieben)
Backform/Bräter (35 × 25 cm)

5. Die Rolle in die Backform geben, abdecken und weitere 30 Minuten gehen lassen. Der Teig sollte wieder deutlich an Volumen zugelegt haben. Ist der Teig noch nicht genug aufgegangen, erneut 30 Minuten gehen lassen.
6. Den Backofen auf 180 °C Ober-/Unterhitze vorheizen. Das Ei verquirlen und die Brioche damit bestreichen. Mit den Samen und Kernen bestreuen, diese leicht andrücken und etwa 1 Stunde backen. Aus dem Ofen nehmen und vor dem Anschneiden komplett auskühlen lassen.

Tipp:

Wer keine so große Backform hat, kann einfach 2 kleine Brote backen.

Kleines Roggenmischbrot

Ein kleines Brot für jede Gelegenheit – das bekommst du hier. Durch die beiden Mehlsorten und den Sauerteig wird es nicht zu kräftig, ist aber auch nicht so mild wie ein reines Weizenbrot.

FÜR 1 BROT

120 g Roggenmehl (Type 1150)
330 g Weizenmehl (Type 405)
30 g Leinsamen
1 g frische Hefe
100 g Roggensauerteig (aus dem Kühlschrank)
1 EL Salz

Außerdem:

Gärkorb
Pizzastein und -schaufel

1. Alle Zutaten bis auf das Salz mit 250 ml Wasser in die Rührschüssel geben und auf Stufe 2 etwa 3 Minuten kneten. Das Salz dazugeben und auf Stufe 6–8 etwa 8 Minuten kneten, bis der Teig den Fenstertest (s. S. 7) besteht. In eine geölte Schüssel geben, abdecken und bei Raumtemperatur 2 Stunden gehen lassen. Dabei nach 30, 60 und 90 Minuten dehnen und falten (s. S. 8). Über Nacht (etwa 12–14 Stunden) im Kühlschrank gehen lassen.

2. Auf eine bemehlte Arbeitsfläche gleiten lassen, formen (s. S. 8/9) und mit dem Schluss nach oben im bemehlten Gärkorb 1½ Stunden abgedeckt bei Raumtemperatur gehen lassen.

3. Backofen und Pizzastein auf 250 °C Ober-/Unterhitze vorheizen. Das Brot auf die bemehlte Pizzaschaufel stürzen und einschneiden. Auf den Pizzastein schieben und mit Dampf (s. S. 9) 15 Minuten backen. Die Ofentür öffnen, um den Dampf entweichen lassen (ggf. das Schüsselchen entnehmen). Die Ofentemperatur auf 220 °C Ober-/Unterhitze reduzieren und das Brot weitere 20 Minuten backen.

Baguettes und Ciabatta

Baguette

Echtes französisches Baguette zu backen, ist langwierig. Meine Variante ist nicht ganz so luftig wie das Original, kann sich aber durchaus sehen lassen und schmeckt toll.

FÜR 3 BAGUETTES

400 g Weizenmehl (Type 812)
100 g Weizenmehl (Tipo 00)
15 g getrockneter Vollkornsauerteig
1 EL Salz
5 g frische Hefe

1. Beide Mehlsorten mit 350 ml kaltem Wasser in die Rührschüssel geben und mit dem Knethaken auf Stufe 2 kneten, bis alles vermischt ist. Abdecken und 1 Stunde bei Raumtemperatur stehen lassen.

2. Vollkornsauerteig, Salz, Hefe und weitere 30 ml Wasser mit in die Rührschüssel geben und auf Stufe 4 etwa 7 Minuten kneten. Teig in eine geölte Schüssel füllen und wieder abdecken. 1½–2 Stunden gehen lassen. Nach 30, 60 und 90 Minuten dehnen und falten (s. S. 8). Anschließend 16–20 Stunden im Kühlschrank gehen lassen. 1 Stunde vor der weiteren Verarbeitung aus dem Kühlschrank nehmen.

3. Den Teig auf eine leicht bemehlte Arbeitsfläche gleiten lassen. Nicht kneten! Mit der Teigkarte in 3 gleich große Stücke schneiden. Die Teigstücke zuerst auf etwas Mehl leicht flach drücken, von oben und unten in die Mitte falten, mit den Fingern andrücken und auf ein mit Backpapier belegtes Blech legen. Abdecken und 1 Stunde gehen lassen.

4. Den Backofen auf 250 °C Ober-/Unterhitze vorheizen. Die Baguettes mit Dampf (s. S. 9) 10 Minuten backen. Die Ofentür öffnen, um den Dampf entweichen zu lassen (ggf. das Schälchen aus dem Ofen nehmen) und die Baguettes weitere 15 Minuten backen.

Rustikale Baguettes

Baguettes tragen meist den Beinamen »fein« oder »leicht«. Ich mag es aber auch rustikal. Mit einem Teil Vollkornmehl wird es für mich besonders gut. Vielleicht kann ich dich ja davon überzeugen?

FÜR 3 GROSSE ODER 6 KLEINE BAGUETTES

Für den Vorteig:

20 g Weizensauerteig
90 g Weizenvollkornmehl

Für den Teig:

900 g Weizenmehl (Type 1050)
70 g Weizenvollkornmehl
10 g frische Hefe
1 EL Salz

1. Für den Vorteig Sauerteig und Mehl mit 100 ml kaltem Wasser kurz verkneten, abdecken und bei Raumtemperatur 12–14 Stunden stehen lassen.
2. Den Vorteig zusammen mit den Mehlsorten, Hefe und 600 ml kaltem Wasser in der großen Rührschüssel zuerst auf Stufe 2 verrühren. Auf Stufe 4 weitere 3–4 Minuten verkneten. Das Salz dazugeben, auf Stufe 6–8 mindestens weitere 6–8 Minuten kneten, bis der Teig den Fenstertest (s. S. 7) besteht. Teig in eine geölte Schüssel geben, abdecken und 2 Stunden gehen lassen. Dabei nach 30, 60 und 90 Minuten dehnen und falten (s. S. 8). Über Nacht abgedeckt im Kühlschrank gehen lassen.
3. Teig aus dem Kühlschrank nehmen und etwa 1 Stunde Temperatur annehmen lassen. Auf etwas Mehl gleiten lassen. Nicht kneten! In 6 kleine oder 3 große Portionen teilen. Teiglinge mit den Händen flach drücken und länglich formen. Von oben zur Mitte hin und dann nach unten falten, dabei den Schluss gut andrücken. Mit ein wenig Kraft länglich rollen, dabei die Enden dünner werden lassen. Auf ein bemehltes Geschirrtuch legen, das Tuch zwischen den Baguettes hochziehen (damit sich die rohen Baguettes nicht berühren können). Mit einem Tuch abdecken und 1 Stunde gehen lassen.
4. Backofen und Backblech auf 250 °C Ober-/Unterhitze vorheizen. Je 2 kleine oder 1 großes Baguette quer auf das Backblech setzen. Tief einschneiden. Mit Dampf (s. S. 9) 15 Minuten backen. Die Ofentür kurz öffnen, damit der Dampf entweichen kann (ggf. das Schüsselchen entnehmen). Die Ofentemperatur auf 210 °C Ober-/Unterhitze reduzieren und die Baguettes weitere 13–15 Minuten backen.

Tipp:

Wenn nicht alle Baguettes auf ein Blech passen, am besten nacheinander backen.

Kräftiges Roggenbaguette

Wer gerne kräftiges Baguette mag, das besonders gut zu Käse oder als Beilage zu Fleisch geeignet ist, und dazu noch auf lange Wartezeit verzichten möchte, der ist hier besonders gut aufgehoben.

FÜR 2 BAGUETTES

18 g frische Hefe
1 TL brauner Zucker
300 g Roggenmehl (Type 997) plus etwas mehr zum Bestäuben
200 g Mehl (Tipo 00)
1 TL Salz

Außerdem:

Baguetteblech

1. Die Hefe mit dem Zucker in 300 ml lauwarmem Wasser auflösen und 10 Minuten stehen lassen.

2. In der Zwischenzeit in der Rührschüssel beide Mehlsorten mit dem Salz mischen. Das Hefewasser dazugeben und mit dem Knethaken 10 Minuten auf Stufe 6 kneten. Teig in eine geölte Schüssel geben, abdecken und bei Raumtemperatur 1½ Stunden gehen lassen. Dabei nach 30, 60 und 90 Minuten dehnen und falten (s. S. 8). Zu einer Kugel formen, wieder abdecken und nochmals 30 Minuten gehen lassen.

3. Den Teig auf eine leicht bemehlte Arbeitsfläche gleiten lassen und halbieren. Die beiden Teighälften jeweils mit dem Handballen rechteckig flach drücken. Von oben einmal eng einklappen, das Ende festdrücken. Erneut 2-mal einklappen und den Schluss mit den Fingern zusammendrücken. Mit leicht feuchten Händen und leichtem Druck rollen, sodass die Mitte etwas breiter ist und die Enden dünner werden. Mit Roggenmehl bestäuben und auf ein Baguetteblech legen. Mit einer Backklinge oder einem sehr scharfen Messer mehrfach einschneiden. Mit einem Tuch abdecken und 20 Minuten ruhen lassen.

4. In der Zwischenzeit den Backofen auf 250 °C Ober-/Unterhitze vorheizen. Die Baguettes etwa 10 Minuten backen. Dann Ofentemperatur auf 200 °C Ober-/Unterhitze reduzieren und die Brote weitere 20 Minuten backen.

Softe Sandwich-Baguettes

Oh, ich glaube, dass diese soften Sandwiches Suchtpotenzial haben. Sie stehen ganz oben auf der Wunschliste meines Sohnes. Das Topping kann von Mal zu Mal geändert werden.

FÜR 9 STÜCK

Für den Teig:

32 g frische Hefe
1 EL heller Zuckerrübensirup
700 g Weizenmehl (Tipo 00)
100 g Semola (ital. Hartweizengrieß)
2 EL heller Zuckerrübensirup
1 EL Salz
1 TL getrockneter Oregano (nach Belieben)
1 Ei (Größe L)
50 g weiche Butter

Für das Topping:

1 Eigelb
2 TL Milch
Sesam, Leinsamen und/oder Haferflocken (nach Belieben)
getrocknete italienische Kräuter (nach Belieben)
etwas geriebener Parmesan (nach Belieben)

1. Die Hefe und 1 EL Zuckerrübensirup mit 350 ml lauwarmem Wasser in der Rührschüssel glatt rühren. 1 TL Mehl darüberstreuen, abdecken und 15 Minuten stehen lassen.

2. Die restlichen Zutaten für den Teig dazugeben und auf Stufe 6–8 etwa 6–7 Minuten kneten, bis der Teig sich vom Schüsselrand löst. Kurz auf der Arbeitsfläche kneten. Den Teig in eine leicht geölte Schüssel geben und abdecken. 1 Stunde an einem warmen Ort gehen lassen, dabei nach 20 und 30 Minuten dehnen und falten (s. S. 8).

3. Den Teig auf die leicht bemehlte Arbeitsfläche gleiten lassen und mit dem Teigspatel in 9 Stücke teilen. Jedes Teigstück nochmals kurz kneten, mit einem Tuch abdecken und 5 Minuten ruhen lassen. Mit den Fingern in etwa 13 × 15 cm große Rechtecke drücken und auf ein mit Backpapier belegtes Blech legen.

4. Den Backofen auf 200 °C Ober-/Unterhitze vorheizen. Das Eigelb mit der Milch verquirlen und die Baguettes damit bestreichen. Nach Belieben mit Sesam, Leinsamen, Haferflocken, Kräutern und Parmesan bestreuen. Etwa 20–22 Minuten backen.

Sandwich-Ciabattas

Diese Ciabattas sind etwas aufwendiger und benötigen einiges an Ruhe- und Knetzeit. Die sagenhafte Angabe unten ist kein Tippfehler. Der Teig braucht diese Zeit. Gut, dass die KitchenAid das Kneten übernimmt!

FÜR 15 KLEINE ODER 10 GROSSE CIABATTAS

Für die Biga (fester italienischer Vorteig):

200 g Weizenmehl (Type 812)
300 g Weizenmehl (Type 550)

Für den Teig:

5 g frische Hefe
50–60 g Weizenmehl (Type 812)
1 TL Salz
2 EL Olivenöl

Außerdem:

etwas Semola (ital. Hartweizengrieß) zum Arbeiten

1. Für die Biga beide Mehlsorten mit 250 ml Wasser vermischen (dabei nicht kneten), bis sich Wasser und Mehl verbunden haben. 24 Stunden stehen lassen.

2. Biga in grobe Stücke schneiden und mit 200 ml Wasser in die Rührschüssel geben. Auf Stufe 2 bis zu 30 Minuten kneten, bis ein cremiger Teig entsteht. Die restlichen Zutaten für den Teig dazugeben und auf Stufe 6–8 etwa 15–20 Minuten kneten, bis der Teig den Fenstertest (s. S. 7) besteht. Teig in eine geölte Schüssel geben, abdecken und 4–5 Stunden bei Raumtemperatur gehen lassen, dabei 4-mal dehnen und falten (s. S. 8).

3. Auf die mit Semola bestreute Arbeitsfläche gleiten lassen. Ohne zu kneten und ohne viel Bewegung mit einer scharfen Teigkarte 15 kleine (oder 10 größere) Ciabattas abstechen und auf ein mit Backpapier belegtes Blech legen (dann nicht mehr bewegen).

4. Den Backofen auf 250 °C Ober-/Unterhitze vorheizen und die Ciabattas mit Dampf (s. S. 9) 15 Minuten backen.

Tipp:

Die Ciabatta-Brötchen unbedingt frisch genießen!

Ciabatta

Eine typisch italienische Spezialität – luftig und locker gebacken. Da schmeckt man den Urlaub, ob als Vesper, zum Salat oder als Sandwich.

FÜR 1 CIABATTA

400 g Weizenmehl (Tipo 00)
35 g getrocknete Lievito madre (Mutterhefe)
1 TL brauner Zucker
½ TL Salz

Außerdem:

Pizzastein und -schaufel

1. Alle Zutaten mit 270 ml Wasser in die Rührschüssel geben und mit dem Knethaken auf Stufe 6–8 etwa 8–10 Minuten kneten. Teig in eine geölte Schüssel geben, abdecken und im Kühlschrank über Nacht (oder mindestens 8 Stunden) gehen lassen.

2. Den Backofen und den Pizzastein auf 230 °C Ober-/Unterhitze vorheizen. Den Teig auf die bemehlte Arbeitsfläche gleiten lassen. Ohne zu kneten den Teig zu einem Strang rollen und schieben. Dazu den Teig etwas flach drücken, zur Mitte falten und andrücken. Den Teig mithilfe der bemehlten Pizzaschaufel auf den Pizzastein geben und 25–30 Minuten mit Dampf (s. S. 9) backen.

Brötchen

Hotdog-Brötchen

Hotdog-Brötchen gibt es in jedem Supermarkt zu kaufen. Aber wer erst einmal frische, selbst gebackene probiert hat, wird keine anderen mehr wollen. Die Buns schmecken auch als normale Brötchen – also ohne Hotdog – genial.

FÜR 16 BRÖTCHEN

200 ml warme Milch
½ Würfel frische Hefe
2 EL Ahornsirup
1 Ei (Größe M, zimmerwarm)
60 g sehr weiche Butter
400 g Weizenmehl (Type 550)
150 g Weizenmehl (Type 812)
1 EL Salz

Zum Bestreichen:

1 Ei
etwas Sesam, Mohn, Leinsamen oder Sonnenblumenkerne zum Bestreuen (nach Belieben)

1. Milch, Hefe, Ahornsirup und 100 ml warmes Wasser vermengen und 15 Minuten stehen lassen. Die restlichen Zutaten dazugeben und auf Stufe 2 kurz verkneten. Auf Stufe 6–8 weitere 7–8 Minuten kneten, bis der Teig den Fenstertest (s. S. 7) besteht. In eine geölte Schüssel geben, abdecken und 1½ Stunden an einem warmen Ort gehen lassen.

2. Den Teig auf etwas Mehl gleiten lassen und gut durchkneten. In 16 gleich große Portionen teilen. Die Teigstücke jeweils flach zu einem Rechteck (etwa 15 × 13 cm) drücken. Von der kurzen Seite her fest aufrollen. Den Schluss fest zusammendrücken. Auf ein mit Backpapier belegtes Backblech legen, abdecken und 25 Minuten gehen lassen.

3. Den Backofen auf 180 °C Ober-/Unterhitze vorheizen. Das Ei mit 1 EL Wasser verquirlen und die Brötchen damit bestreichen. Nach Belieben bestreuen. Etwa 15–18 Minuten backen.

Tipp:

Die Hotdog-Brötchen lassen sich prima einfrieren und bei Bedarf kurz bei 150 °C Ober-/Unterhitze in etwa 7–8 Minuten im Ofen auftauen.

Supersofte Burger Buns

Ein echter Burger Bun muss superweich und flauschig sein – mit einem Hauch Süße. Ob mit Sesam-Topping oder pur spielt dabei nur eine nebensächliche Rolle.

FÜR 9 STÜCK

Für den Vorteig:

100 ml Milch
30 g Weizenmehl (Type 1050)

Für den Teig:

670 g Weizenmehl (Type 405)
240 ml lauwarme Milch
28 g frische Hefe
50 g brauner Zucker
1 EL Salz
2 Eier (Größe M)
80 g weiche Butter

Zum Bestreichen:

1 Eigelb
2 EL Sahne
Sesam (nach Belieben)

1. Zuerst Milch und 100 ml Wasser in einen kleinen Topf geben. Mehl dazugeben und mit dem Schneebesen glatt rühren. Die Masse bei niedriger Temperatur unter Rühren mit einem Silikonspatel etwa 5 Minuten anziehen lassen. Auf keinen Fall zum Kochen bringen! Vom Herd nehmen und abkühlen lassen.

2. Das weitere Mehl, Milch, Hefe, Zucker, Salz und Eier mit dem Vorteig auf Stufe 2 kurz verkneten. Dann auf Stufe 6–8 weiterkneten und die Butter nach 3 Minuten dazugeben. So lange kneten, bis der Schüsselrand sauber ist und der Teig den Fenstertest (s. S. 7) besteht. In eine geölte Schüssel geben, abdecken und an einem warmen Ort 1 Stunde gehen lassen.

3. Ein Backblech mit Backpapier belegen. Den Teig auf ein wenig Mehl gleiten lassen. Kurz durchkneten, dann in 80–90 g schwere Portionen teilen. Die Teigstücke flach drücken. Die Enden zur Mitte einklappen und festdrücken. Mit der Hand auf einer nicht bemehlten Fläche zu Kugeln formen (s. S. 8/9; Hände dazu nach Bedarf mit etwas Öl einreiben). Mit etwas Abstand auf das Backblech setzen und einmal mit dem Handballen auf jeden Bun drücken. Mit einem Tuch abdecken und 30 Minuten gehen lassen.

4. Den Backofen auf 200 °C Umluft vorheizen. Eigelb und Sahne verquirlen. Die Brötchen damit bestreichen und nach Belieben mit Sesam bestreuen. 15–18 Minuten backen.

Tipp:

Sind die Buns etwas fest geworden, werden sie nach 15–20 Sekunden in der Mikrowelle wieder zu superfluffigen Brötchen.

Dinkel-Vollkorn-Brötchen

Diese rustikalen Brötchen sind perfekt für alle, die es ein bisschen kräftiger mögen und auf krosse Krusten stehen.

FÜR 9–10 STÜCK

Für den Vorteig:

300 g Dinkelvollkornmehl
150 g Dinkelmehl (Type 1050)
70 g getrocknete Lievito madre (Mutterhefe)

Für den Teig:

15 g Weizenvollkornmehl
5 g frische Hefe
1 TL Ahornsirup
1 TL Zitronensaft
1 EL Olivenöl
40 g Dinkelmehl
1 TL Salz

1. Für den Vorteig beide Dinkelmehlsorten mit Lievito madre und 400 ml kaltem Wasser in der Rührschüssel verrühren. Abdecken und 3 Stunden stehen lassen.

2. Die weiteren Zutaten (bis auf das Salz) mit dem Vorteig zusammen auf Stufe 2 kurz verrühren. Das Salz dazugeben und auf Stufe 4 etwa 3–4 Minuten kneten. Dann auf Stufe 6–8 mindestens 5 Minuten weiterkneten, bis der Teig den Fenstertest (s. S. 7) besteht. In eine geölte Schüssel geben, abdecken und 2 Stunden gehen lassen. Dabei nach 30, 60 und 90 Minuten dehnen und falten (s. S. 8). Den Teig über Nacht im Kühlschrank gehen lassen.

3. Den Teig auf etwas Mehl gleiten lassen. Ohne zu kneten in 9–10 gleichmäßige Stücke teilen. Die Teigstücke etwas flach drücken. 4- bis 5-mal von außen zur Mitte klappen, dabei etwas Mehl einarbeiten (damit die Kruste offen bleibt). Nach Bedarf noch etwas Mehl darüberstreuen und mit den Fingern oben zupfen, um die Kruste zu öffnen. Die Brötchen auf ein mit Backpapier belegtes Blech legen und mit einem Tuch abdecken.

4. Den Backofen auf 250 °C Ober-/Unterhitze vorheizen. Mit Dampf (s. S. 9) etwa 25 Minuten backen.

Karottenkrustis

Karotten in Gebäck mag ich total gerne. In süßem Kuchen kennen wir sie ja alle. In Brötchen ist's eher selten, das sollte unbedingt geändert werden. Mit Haselnüssen und Kefir schmecken sie fantastisch.

FÜR 9–10 STÜCK

Für den Vorteig:

180 ml Kefir
45 g getrocknete Lievito madre (Mutterhefe)
1 TL getrockneter Sauerteig
300 g Weizenmehl (Tipo 00)
150 g helles Vollkornmehl

Für den Teig:

130 g Karotten
30 g gehackte Haselnüsse
10 g Sonnenblumenkerne
20 g Kürbiskerne
15 g Leinsamen
15 g Butter
15 g Honig
5 g frische Hefe
1 EL Salz

Außerdem:

2 EL Leinsamen zum Bestreuen

1. Für den Vorteig Kefir, Lievito madre, Sauerteig, beide Mehlsorten und 150 ml kaltes Wasser verrühren (nicht kneten), abdecken und 45 Minuten stehen lassen.

2. Die Karotten waschen, putzen und fein raspeln. Mit den Nüssen, Kernen und Samen vermischen und mit kochendem Wasser übergießen. 30 Minuten stehen lassen, dann abgießen.

3. Alle Zutaten bis auf das Salz und die Karottenmischung in die Rührschüssel geben und kurz auf Stufe 2 kneten, bis alles vermischt ist. Dann auf Stufe 6–8 etwa 8–10 Minuten kneten, bis der Teig den Fenstertest (s. S. 7) besteht. Dabei nach 5 Minuten das Salz dazugeben. Zuletzt die Karottenmischung kurz unterkneten. In eine geölte Schüssel geben, abdecken und 2 ½ Stunden gehen lassen. Nach 45 und 70 Minuten dehnen und falten (s. S. 8).

4. Den Teig auf etwas Mehl gleiten lassen. Ohne zu kneten mit einem Teigspatel in 9–10 Stücke (à ca. 85 g) schneiden. Die Teigstücke mit den Handkanten auf etwas Mehl in die Rautenform schieben und auf ein mit Backpapier belegtes Blech setzen. Mit etwas Wasser bestreichen und mit Leinsamen bestreuen. Mittig tief einschneiden. Mit einem Tuch abdecken und 30 Minuten gehen lassen.

5. Den Backofen auf 220 °C Ober-/Unterhitze vorheizen. Etwa 25 Minuten backen.

Brötchen mit Ruchmehl

Einfacher kann man morgens nicht an selbst gebackene Brötchen kommen. Einfach am Abend zuvor den Teig zubereiten und abgedeckt in den Kühlschrank stellen. Am Morgen die Brötchen formen – und während sie gehen: ab ins Bad – und dann backen.

FÜR CA. 18 STÜCK

200 g Roggensauerteig (aus dem Kühlschrank)
300 g Weizenmehl (Type 405)
500 g Ruchmehl
180 g Weizenvollkornmehl
10 g frische Hefe
1 EL Salz
25 g Rapsöl

1. Für den Vorteig den Sauerteig mit 700 ml lauwarmem Wasser glatt rühren und 30 Minuten stehen lassen.
2. Alle Mehlsorten in der Rührschüssel mit dem Vorteig verrühren, bis das Mehl eingearbeitet ist. Abdecken und 30 Minuten stehen lassen.
3. Hefe, Salz und Öl dazugeben und auf Stufe 6–8 etwa 8–10 Minuten zu einem geschmeidigen Teig kneten, bis dieser den Fenstertest (s. S. 7) besteht. In eine geölte Schüssel geben, abdecken und 1 Stunde gehen lassen. Nach 20 und 40 Minuten dehnen und falten (s. S. 8). Abgedeckt mindestens 3 Stunden im Kühlschrank gehen lassen, bis der Teig sein Volumen deutlich vergrößert hat.
4. Den Teig auf eine leicht bemehlte Arbeitsfläche gleiten lassen und in 18 gleich große Portionen teilen. Die Teiglinge etwas flach drücken und 5- bis 6-mal ringsherum von außen nach innen klappen. Auf einem unbemehlten Untergrund formen (s. S. 8/9) und auf ein mit Backpapier ausgelegtes Blech setzen. Mittig einschneiden.
5. Den Backofen auf 250 °C Ober-/Unterhitze vorheizen. Die Brötchen mit Dampf (s. S. 9) 20–25 Minuten backen.

Tipp:

Die Brötchen eignen sich perfekt zum Einfrieren und Auftauen.

Sonnenblumenbrötchen

Sonnenblumenkerne sind für mich das Nonplusultra in Brotwaren. Sofern mit Kernen gearbeitet wird, müssen sie auf jeden Fall dabei sein. Kein Wunder also, dass diese Brötchen ganz oben auf meiner Liste stehen. Sie sind dazu noch herrlich knusprig.

FÜR 18–20 STÜCK

Für den Vorteig:

150 g Weizensauerteig (aus dem Kühlschrank)
70 g Weizenvollkornmehl

Für den Teig:

100 g Sonnenblumenkerne
600 g Weizenmehl (Type 812)
80 g zarte Haferflocken
20 g Weizenkleie
1 g frische Hefe
1 EL Salz

Zum Bestreuen:

200 g Sonnenblumenkerne

1. Für den Vorteig den Sauerteig und das Mehl mit 100 ml lauwarmem Wasser verrühren, abdecken und 12–16 Stunden bei Raumtemperatur stehen lassen, bis er sein Volumen verdoppelt hat (ggf. die Zeit erhöhen).
2. Die Sonnenblumenkerne mit kochendem Wasser übergießen und 1 Stunde stehen lassen. Das Wasser abgießen.
3. Die restlichen Zutaten für den Teig (bis auf das Salz) mit dem Vorteig und 500 ml Wasser auf Stufe 2 kurz verkneten, dann auf Stufe 4 weitere 3–4 Minuten kneten. Das Salz dazugeben. Auf Stufe 6–8 weitere 7–10 Minuten kneten. Die abgetropften Sonnenblumenkerne nach etwa 7 Minuten unterkneten. Teig in eine geölte Schüssel geben, abdecken und 2 Stunden gehen lassen. Nach 30, 60 und 90 Minuten dehnen und falten (s. S. 8). Anschließend den Teig 3–4 Stunden im Kühlschrank gehen lassen.
4. Auf eine leicht bemehlte Arbeitsfläche gleiten lassen, zu einem 30 × 30 cm großen Quadrat ziehen, ohne die Luft herauszudrücken. Mit einem bemehlten Teigspatel in 18–20 Stücke teilen. Die Teigstücke kopfüber in Sonnenblumenkerne tauchen und leicht andrücken. Mit etwas Abstand auf ein mit Backpapier belegtes Backblech legen.
5. Den Backofen auf 250 °C Ober-/Unterhitze vorheizen. Auf der untersten Schiene mit Dampf (s. S. 9) 20–25 Minuten backen.

Kürbiskern-Dreiecke

Kürbiskerne sind geröstet echte kleine Geschmacksbomben. Dazu sind sie auch noch richtig gesund. Für ein perfektes Frühstück gehören Sonnenblumen- und Kürbiskernbrötchen immer dazu.

FÜR 18 STÜCK

Für den Vorteig:

100 g Weizensauerteig (aus dem Kühlschrank)
40 g Weizenvollkornmehl

Für den Teig:

100 g Kürbiskerne
30 g Leinsamen
40 g heller Sesam
500 g Weizenmehl (Type 1050) plus 1–3 weitere EL
70 g Semola (ital. Hartweizengrieß)
50 g Weizenschrot
1 TL getrocknetes Backmalz
½ g frische Hefe
1 EL Salz

Zum Bestreuen:

100 g Kürbiskerne
je 1 EL Sesam und Leinsamen

1. Für den Vorteig Sauerteig, Mehl und 80 ml handwarmes Wasser verrühren, abdecken und an einem warmen Ort 2 Stunden stehen lassen. Der Teig muss deutliche Blasen bilden und sein Volumen etwa verdoppelt haben. Ist das nicht der Fall, braucht er noch Zeit.
2. Kürbiskerne, Leinsamen und Sesam für den Teig mit kochendem Wasser übergießen und 30 Minuten stehen lassen. Abgießen.
3. Mehl, Semola, Weizenschrot, Backmalz und Hefe mit dem Vorteig und 450 ml Wasser in die Rührschüssel geben. Auf Stufe 2 kurz verrühren. Auf Stufe 4 etwa 2–3 Minuten kneten. Salz dazugeben und auf Stufe 6–8 etwa 8–10 Minuten weiterkneten, bis der Teig den Fenstertest (s. S. 7) besteht. Zuletzt die Kerne und Samen unterkneten. Den Teig in eine geölte Schüssel geben, abdecken und 5–7 Stunden (oder über Nacht) im Kühlschrank gehen lassen. Nach 30, 60 und 90 Minuten zum Dehnen und Falten (s. S. 8) aus dem Kühlschrank nehmen.
4. Auf die leicht bemehlte Arbeitsfläche gleiten lassen. Ohne großen Druck den Teig zu einem ca. 4 cm dicken Fladen drücken und schieben. Mit einer scharfen, bemehlten Teigkarte zuerst etwa 10 cm breite Teigstreifen abstechen und sachte zur Seite schieben (Achtung: klebrig!). Davon Dreiecke von etwa 7 cm Breite abstechen.
5. Ein Backblech mit Backpapier auslegen. Die Unterseite der Dreiecke etwas anfeuchten, in die Kürbiskerne drücken und auf das Blech setzen. Die Oberseite nach Belieben mit Sesam und Leinsamen bestreuen. Den Backofen auf 250 °C Ober-/Unterhitze vorheizen. Die Brötchen mit Dampf (s. S. 9) etwa 18–20 Minuten backen.

Schnelle Baguette-Brötchen

Kaum zu glauben. Aber es geht manchmal auch einfach und schnell. Diese Baguette-Brötchen sind der beste Beweis, dass jeder seine eigenen Brötchen backen kann. Auch wenn keine Vorkenntnisse vorhanden sind!

FÜR 9 STÜCK

10 g frische Hefe
300 g Weizenmehl (Type 450)
80 g Manitoba-Mehl
1 EL Salz

Außerdem:

Baguetteblech

1. 300 ml lauwarmes Wasser in die Rührschüssel gießen und die Hefe dazugeben. Unter Rühren auflösen. Die weiteren Zutaten dazugeben und auf Stufe 2 kurz rühren, bis das Mehl gebunden ist. Dann ½ Minute auf Stufe 4. Den Teig in eine geölte Schüssel geben, abdecken und bei Raumtemperatur 2 Stunden gehen lassen.
2. Den Teig, ohne ihn viel zu bewegen, aus der Schüssel auf eine reichlich bemehlte Arbeitsfläche gleiten lassen. Mit Mehl bestäuben. Mit den Händen zu einem 10 cm breiten Strang schieben. Mit einer Teigkarte in 9 Stücke teilen. Das Baguetteblech mit Mehl bestäuben. Die Teigstücke einzeln in die Hand nehmen, etwas nach unten hängen lassen, so werden sie länger. Mit etwas Abstand leicht in sich gedreht auf das Blech legen. Mit einem Tuch abdecken und 20 Minuten gehen lassen. Die Brötchen mehrmals einschneiden.
3. Den Backofen auf 250 °C Ober-/Unterhitze vorheizen. Ein Backblech unter das Grillrost schieben und mit vorheizen, so werden die Brötchen knuspriger. Das Baguetteblech unter das vorgeheizten Blechs in den Ofen schieben. Mit Dampf (s. S. 9) etwa 15 Minuten backen.

Gebäck und Pizzateig

Knäckebrot

Knäckebrot liebe ich schon immer. Das Schöne ist, dass man es problemlos auf Vorrat backen kann und es dabei auch noch so unkompliziert ist. Ob mit Kernen, pur oder wonach einem sonst der Sinn steht – Knäckebrot darf einfach nicht fehlen.

FÜR 12 STÜCK (Ø CA. 18 CM)

30 g getrocknete Lievito madre (Mutterhefe)
0,5 g frische Hefe
1 EL Rohrzucker
520 g Weizenmehl (Type 405)
220 g Roggenmehl (Type 1050)
1 TL Salz
25 g geschroteter Leinsamen
55 g Leinsamen
50 g Sonnenblumenkerne

1. Lievito madre, Hefe und Zucker mit 550 ml lauwarmem Wasser verrühren und 5 Minuten stehen lassen.
2. Alle Zutaten bis auf die Kerne zuerst auf Stufe 2 kurz verkneten, dann auf Stufe 6–8 etwa 7 Minuten weiterkneten. Der Teig sollte nicht mehr kleben. Die Kerne kurz unterkneten. Teig in eine geölte Schüssel geben, abdecken und an einem warmen Ort etwa 4 Stunden gehen lassen.
3. Den Backofen auf 250 °C Ober-/Unterhitze vorheizen und 2 Backbleche mit Backpapier auslegen. Den Teig auf etwas Roggenmehl gleiten lassen, kurz durchkneten und in 12 gleich große Portionen teilen. Auf dem Mehl ausrollen und mit einer Gabel, Knäckebrotrolle o. Ä. einstechen, dann Teiglinge auf die Bleche legen.
4. Das Knäckebrot 7 Minuten backen. Die Temperatur auf 180 °C Ober-/Unterhitze reduzieren und 20–30 Minuten zu Ende backen (je nach gewünschter Knusprigkeit).

Tipp:

Nach der Hälfte der Backzeit wenden. Auf einem Pizzastein wird das Knäckebrot besonders gut – es dauert allerdings recht lange, weil man die Brote nacheinander backen muss.

Käseschnecken

Diese Käseschnecken sind das Highlight auf jedem Buffet oder beim Picknick. Ich kenne wirklich niemanden, der sie nicht mag. Sie schmecken Groß und Klein und mussten unbedingt mit in das Buch.

FÜR 18–20 STÜCK

Für den Teig:

25 g frische Hefe
1 TL Honig
450 g Weizenmehl (Type 405)
200 g helles Vollkornmehl
130 g weiche Butter
je ½ TL Salz und Pfeffer
1 EL getrocknete Petersilie

Für die Butter:

250 g weiche Butter
3 Knoblauchzehen
3 Frühlingszwiebeln
4 Snack-Paprikaschoten
Salz
Pfeffer

Für die Füllung:

200 g Feta
2 Knoblauchzehen
1 Eigelb
70 g geriebener Gouda
1 EL Kräuter (TK)
Salz
Pfeffer

1. Hefe mit Honig und 260 ml lauwarmem Wasser verrühren. Die restlichen Zutaten für den Teig in die Rührschüssel geben. Das Hefewasser dazugeben und auf Stufe 2 kurz verkneten. Auf Stufe 4 etwa 3 Minuten, dann auf Stufe 8 weitere 4–5 Minuten kneten. Teig in eine geölte Schüssel geben, abdecken und an einem warmen Ort 45–60 Minuten gehen lassen. In der Zwischenzeit die Zutaten für die Butter mit dem Stabmixer zerkleinern und gründlich vermischen.

2. Für die Füllung den Feta zerbröseln, den Knoblauch schälen und pressen. Mit den restlichen Zutaten mischen und mit 75 g der Butter vermengen.

3. Ein Backblech mit Backpapier belegen. Den Teig auf etwas Mehl gleiten lassen und kurz durchkneten. Zu einem Rechteck von 30 × 50 cm ausrollen. Mit der Füllung bestreichen und von der langen Seite her aufrollen. Mit einem scharfen Messer in 18–20 gleich große Stücke schneiden und diese mit etwas Abstand auf das Blech setzen. Abdecken und gehen lassen, bis der Ofen vorgeheizt ist.

4. Den Backofen auf 180 °C Ober-/Unterhitze vorheizen. Die Schnecken etwa 18–20 Minuten goldgelb backen. Die restliche Butter zu den Schnecken servieren.

Müslistangen

Müslistangen sind bei uns immer willkommen. Schon als mein Sohn noch klein war, hatte ich sie immer dabei. Sie sind ein gesunder, leckerer Snack.

FÜR 14–15 STÜCK

50 g gemischte Nüsse
40 g Gojibeeren oder Rosinen
50 g Sonnenblumenkerne
15 g frische Hefe
90 g Zucker
240 ml handwarme Milch
500 g Weizenmehl (Type 405)
60 g Haferflocken
30 g Chiasamen
40 g Leinsamen
1 Prise Salz
1 TL gemahlene Vanille oder Vanilleextrakt
75 g weiche Butter

Zum Bestreuen:

Hagelzucker
gehackte Nüsse, Kerne oder Haferflocken (nach Belieben)

1. Nüsse grob hacken. Beeren, Nüsse und Kerne mit kochendem Wasser übergießen und 30 Minuten stehen lassen. Die Hefe mit 1 TL Zucker in der Milch auflösen.

2. Mehl, Haferflocken, Chiasamen, Leinsamen, restlichen Zucker, Salz, Vanille und Butter in die Rührschüssel geben. Hefe-Milch hinzufügen. Erst auf Stufe 2 vermischen, dann auf Stufe 4 etwa 5–7 Minuten kneten. Teig in eine geölte Schüssel geben, abdecken und an einem warmen Ort 45 Minuten gehen lassen.

3. Auf die bemehlte Arbeitsfläche gleiten lassen und kurz kneten. Zu einem 1 cm dicken Rechteck ausrollen. Mit einem scharfen Messer in Stangen schneiden. Ein Backblech mit Backpapier belegen und die Stangen darauflegen. Mit Wasser bestreichen und mit etwas Hagelzucker und nach Belieben mit gehackten Nüssen, Kernen oder Haferflocken bestreuen.

4. Den Backofen auf 180 °C Ober-/Unterhitze vorheizen. Die Stangen etwa 15–18 Minuten backen.

Unkomplizierte Laugenbrezeln

Wir lieben Laugenbrezeln und haben immer einige eingefroren. Da viele das Kochen der Brezeln als kompliziert empfinden, habe ich diesen Schritt vereinfacht.

FÜR 12 STÜCK

Für den Teig:

23 g frische Hefe
2 volle EL Honig
650 g Weizenmehl (Type 550)
1 EL Salz
40 g weiche, zimmerwarme Butter

Außerdem:

grobes Salz zum Bestreuen
70 g Backnatron

1. Für den Teig die Hefe mit dem Honig in 300 ml warmem Wasser auflösen. In der großen Rührschüssel Mehl mit Salz mischen. Eine Mulde in die Mitte machen und das Hefewasser hineingießen. Etwas Mehl vom Rand her über das Wasser geben (nicht komplett bedecken). 10 Minuten stehen lassen.

2. Das Hefewasser beginnt nun, Blasen zu werfen. Die Butter dazugeben und auf Stufe 6–8 etwa 8 Minuten kräftig durchkneten. Der Teig sollte nicht mehr kleben. Teig in eine geölte Schüssel geben, abdecken und an einem warmen Ort 2 ½ Stunden gehen lassen, bis sich das Volumen verdoppelt hat.

3. Vom Teig jeweils 1 Stück (etwa 90 g) abnehmen und den übrigen Teig wieder abdecken. Das Teigstück mit den Händen auf einer Arbeitsplatte zu einer 70 cm langen Schlange rollen. Dabei ein Stück in der Mitte (etwa 7 cm) etwas dicker lassen.

4. Nun die Brezel formen: Dazu über die Mitte die beiden Teigstränge einmal umeinander schlingen und in Richtung des dickeren Mittelstücks legen. Die Enden dort, wo sie aufliegen, fest in den Teig drücken. Die Brezel auf ein Backblech legen. Den gesamten Teig so verarbeiten.

5. 2 Backbleche mit Backpapier auslegen und das grobe Salz bereitstellen. 2 ½ l Wasser im Wasserkocher aufkochen und in eine große, tiefe Schüssel füllen. Das Natron darin auflösen. Die Brezeln einzeln in das Natronwasser gleiten lassen. Wenn sie aufsteigen, mit der Schöpfkelle herausnehmen und abtropfen lassen. Mit etwas Abstand auf die Bleche legen und mit dem Salz bestreuen. 20 Minuten gehen lassen.

6. Den Backofen auf 200 °C Ober-/Unterhitze vorheizen. Die Bleche nacheinander je 18–20 Minuten backen.

Tipp:

Für Original-Laugenbrezeln wird das Wasser mit dem Natron in einem Topf zum Kochen gebracht. Leicht siedend kommen die Brezeln dann für etwa 45 Sekunden dort hinein. Mit einer Schöpfkelle herausnehmen und wie beschrieben backen.

Mediterrane Franzbrötchen

Franzbrötchen mit Zimt und Zucker kennen die meisten. Aber herzhaft mit Oliven, Tomaten und Kräutern sind sie auch unverschämt lecker.

FÜR 9–10 STÜCK

Für den Teig:

30 g frische Hefe
½ TL Zucker
1 TL Salz
500 g Weizenmehl (Type 550)
½ TL Knoblauchpulver
½ TL Pfeffer aus der Mühle
1 TL getrocknete mediterrane Kräuter
50 g weiche Butter

Für die Füllung:

½ kleine Zwiebel
1 Knoblauchzehe
50 g schwarze Oliven
30 g getrocknete Tomaten (ohne Öl)
Olivenöl
Salz
Pfeffer
2–3 Stiele Basilikum
120 g weiche Butter

Außerdem:

2 EL geriebener Parmesan

1. Alle Zutaten für den Teig mit 290 ml lauwarmem Wasser in die Rührschüssel geben und auf Stufe 2 kurz verrühren. Auf Stufe 6–8 etwa 5–8 Minuten zu einem glatten Teig kneten, bis der Teig den Fenstertest (s. S. 7) besteht. In eine geölte Schüssel geben, abdecken und 30 Minuten gehen lassen.

2. Für die Füllung Zwiebel und Knoblauch schälen und fein würfeln. Oliven und Tomaten ebenfalls klein schneiden. Alles in etwas Olivenöl anschwitzen. Mit Salz und Pfeffer abschmecken. Basilikum waschen, trocken schütteln, ebenfalls fein schneiden und unterrühren. Abkühlen lassen, dann mit der Butter verrühren.

3. Den Teig auf etwas Mehl gleiten lassen und kurz durchkneten. Zu einem ½ cm dicken Rechteck ausrollen. Mit der Füllung bestreichen und von der langen Seite her aufrollen. Den Schluss nach unten drehen. Teiglinge mit einem scharfen Messer schräg von oben in Trapeze (kurze Seite 3 cm, lange Seite 7 cm) schneiden. Mit einem Holzlöffelstiel an der kurzen Seite mittig tief eindrücken: Die Seiten klappen dabei in die typische Franzbrötchenform. Mit etwas Abstand auf ein mit Backpapier belegtes Blech setzen. Mit Parmesan bestreuen.

4. Den Backofen auf 190 °C Ober-/Unterhitze vorheizen. Die Franzbrötchen 15–18 Minuten goldbraun backen.

Zweierlei Pizzateig

Beim Pizzateig scheiden sich die Geschmäcker. Die einen schwören auf Sauerteig-Pizzateig, die anderen auf den guten alten Hefeteig. Ich kann mich weder für die eine noch für die andere Variante als die beste entscheiden. Dafür mag ich sie beide zu sehr.

Viel Zeit zum Reifen benötigen sie jedenfalls beide. Nur so wird aus normalem Pizzateig der perfekte Pizzateig. Probier es aus, du wirst keinen anderen Teig mehr wollen.

Zum Formen am besten Semola (ital. Hartweizengrieß) verwenden, er macht die Pizza knusprig und leicht kernig. Zum Backen beide Teige direkt auf der Pizzaschaufel formen und auf dem auf 250 °C Ober-/Unterhitze vorgeheizten Pizzastein backen!

Tipp:

Pizzateig, ganz gleich ob Sauer- oder Hefeteig, lässt sich wunderbar einfrieren (3 Monate haltbar). So ist immer Teig vorrätig. Vor dem Backen langsam im Kühlschrank über Nacht auftauen lassen.

Sauerteig-Pizzateig

FÜR 4–6 PIZZEN

Für den Vorteig:

50 g Weizensauerteig (aus dem Kühlschrank)
150 g Weizenmehl (Type 1050)

Für den Teig:

70 g Semola (ital. Hartweizengrieß)
400 g Weizenmehl (Tipo 00)
55–60 g Weizenmehl (Type 1050)
1 EL Salz
1 EL Olivenöl

Außerdem:

Pizzastein und -schaufel

1. Für den Vorteig Sauerteig, Weizenmehl und 150 ml lauwarmes Wasser verrühren, abdecken und bei Raumtemperatur 14–16 Stunden stehen lassen.

2. Die Zutaten für den Teig zusammen mit dem Vorteig und 350 ml kaltem Wasser etwa 10 Minuten auf Stufe 6–8 kneten, bis der Teig den Fenstertest (s. S. 7) besteht. Teig in eine geölte Schüssel geben und abdecken. 48 Stunden im Kühlschrank gehen lassen, dabei nach 30, 60 und 90 Minuten dehnen und falten (s. S. 8).

3. 2 Stunden vor dem Verarbeiten aus dem Kühlschrank nehmen und Raumtemperatur annehmen lassen. Jetzt nicht mehr kneten. Den Teig in 4–6 Portionen teilen und zu Kugeln drehen. Abdecken und noch einmal 1 Stunde ruhen lassen.

4. Die Teigkugeln am besten direkt auf der Pizzaschaufel in Form ziehen und schieben. Nach Lust und Laune belegen und auf dem vorgeheizten Pizzastein 7–8 Minuten backen.

Hefe-Pizzateig

FÜR 4–6 PIZZEN

600 g Weizenmehl (Tipo 00)
1 g frische Hefe
¼ TL Zucker
1 EL Olivenöl
½ TL Salz

Außerdem:

Pizzastein und -schaufel

1. Alle Zutaten mit 400 ml kaltem Wasser in der Rührschüssel auf Stufe 6–8 kneten, bis sich der gesamte Teig vom Schüsselrand löst und der Teig den Fenstertest (s. S. 7) besteht. Teig in eine geölte Schüssel geben, abdecken und 3 Stunden bei Zimmertemperatur gehen lassen. Dabei nach 30, 60 und 90 Minuten dehnen und falten (s. S. 8). Anschließend 48 Stunden im Kühlschrank gehen lassen.

2. 2 Stunden vor dem Verarbeiten aus dem Kühlschrank nehmen und Raumtemperatur annehmen lassen. Den Teig in 4–6 Portionen teilen und diese zu Kugeln formen. Abdecken und nochmals 3 Stunden ruhen lassen.

3. Die Teigkugeln am besten direkt auf der Pizzaschaufel in Form ziehen und schieben. Nach Lust und Laune belegen und auf dem vorgeheizten Pizzastein 7–8 Minuten backen.

Internationale Spezialitäten

Maisgrieß-Focaccia

Bella Italia! Focaccia ist, neben Ciabatta, typisch italienisch. Das Fladenbrot braucht zum Bilden der luftigen Krume etwas Zeit. Meine mit Maisgrieß zubereitete Focaccia ist perfekt für den nächsten italienischen Abend.

FÜR 1 FOCCACIA

4 g frische Hefe
½ TL Zucker
400 g Weizenmehl (Tipo 00)
100 g feinkörniges Maismehl plus etwas mehr zum Bestreuen
3 EL Olivenöl plus etwas mehr für die Form und zum Bestreichen
1 EL Salz

Außerdem:

Blech/Auflaufform (30 × 40 cm)

1. Hefe und Zucker mit 350 ml kaltem Wasser glatt rühren und 15 Minuten stehen lassen.
2. Mehl, Maismehl, Olivenöl und Salz mit dem Hefewasser in die Rührschüssel geben und auf Stufe 6–8 etwa 10 Minuten kneten, bis der Teig den Fenstertest (s. S. 7) besteht. Teig in eine geölte Schüssel geben, abdecken und im Kühlschrank 10–12 Stunden gehen lassen. Nach 30, 60 und 90 Minuten zum Dehnen und Falten (s. S. 8) herausnehmen.
3. Die Form großzügig mit Olivenöl auspinseln und mit etwas Grieß bestreuen. Den Teig hineingleiten lassen und mit den Fingern vorsichtig in der Form verteilen. 1 EL Olivenöl auf den Teig geben und verstreichen, abdecken und 2 Stunden gehen lassen.
4. Den Backofen auf 230 °C Ober-/Unterhitze vorheizen. Nochmals 2 EL Olivenöl auf dem Teig verstreichen. Mit den Fingerspitzen Mulden in den Teig drücken und mit etwas Maisgrieß bestreuen. Etwa 25–28 Minuten backen.

Tipp:

Den Teig vor dem Backen nach Belieben mit Meersalzflocken, Kräutern, Tomaten, Knoblauch oder Nüssen bestreuen und diese leicht in den Teig drücken. Nach dem Backen mit Knoblauch-Kräuter-Öl bestreichen.

Bagel

Die festen Brötchen mit dem typischen Loch in der Mitte sind nicht mehr aus den Brotregalen wegzudenken! Erstmals wurden sie als jüdisches Backwerk erwähnt. Heute gelten sie als typisch amerikanisch.

FÜR 8 STÜCK

1 EL Honig
5 g frische Hefe
430 g Weizenmehl (Type 450) plus 1–2 weitere EL
50 g Roggenmehl (Type 1150)
20 g getrocknete Lievito madre (Mutterhefe)
1 EL Salz
1 EL Zucker zum Kochen

Für das Topping:

Sesam, Mohn, Leinsamen und Sonnenblumenkerne (nach Belieben)

1. Für den Hefeteig 320 ml lauwarmes Wasser mit Honig und Hefe kurz verrühren und 5 Minuten stehen lassen. Beide Mehlsorten, Lievito madre und Salz in die große Rührschüssel geben. Das Hefewassser hinzufügen und auf Stufe 6–8 mindestens 8 Minuten kräftig durchkneten. Teig in eine geölte Schüssel geben, abdecken und 90 Minuten an einem warmen, geschützten Ort gehen lassen.

2. Ein Backblech mit Backpapier auslegen und das Backpapier mit etwas Mehl oder Grieß bestäuben. Den Teig aus der Schüssel nehmen und auf etwas Mehl in 8 gleich große Stücke (à ca. 100 g) teilen. Zu Kugeln formen und mit einem Finger ein Loch in die Mitte drücken. Mit den Fingern das Loch gleichmäßig erweitern (Ø 3–4 cm). Teiglinge mit etwas Abstand auf das Backblech setzen. Abgedeckt 20 Minuten ruhen lassen.

3. In der Zwischenzeit die Toppings nach Belieben mischen und in Schälchen füllen. Den Backofen auf 220 °C Ober-/Unterhitze vorheizen. Einen Topf mit reichlich Wasser und dem Zucker zum Kochen bringen. Ein weiteres Backblech mit Backpapier neben dem Herd bereitstellen, die Toppings ebenfalls griffbereit stellen. Sobald das Wasser kocht, etwas herunterdrehen, damit es nur noch köchelt. Je nach Größe des Topfs 1–2 Bagels gleichzeitig mit einer Schöpfkelle ins Wasser geben und von jeder Seite etwa 30 Sekunden kochen. Herausnehmen, ganz kurz auf dem Schaumlöffel abtropfen lassen und auf das Backblech geben. Sofort mit dem gewünschten Topping bestreuen und leicht andrücken. Der Bagel muss unbedingt noch feucht sein, sonst hält es nicht. Die weiteren Bagels ebenso kochen und auf das Blech legen. In 25 Minuten goldbraun backen. Aus dem Ofen nehmen und abkühlen lassen.

Tipp:

Die Bagels eignen sich perfekt zum Vorbereiten und Einfrieren.

Ukrainisches Palyanytsya

Ich bin überzeugt, dass dieses Brot viele Brotbackfans sehr glücklich machen wird. Es schmeckt so unglaublich köstlich und ist herrlich saftig. Es ist eine gute Mischung aus milden und kräftigen Aromen.

FÜR 1 BROT

100 g Roggensauerteig (aus dem Kühlschrank)
160 g Weizenvollkornmehl
20 g getrocknetes Backmalz
600 g Weizenmehl (Type 405)
50 g Haferschrot
400 ml Kefir (oder Buttermilch) plus 25 ml als Reserve
1 EL Salz

Außerdem:

Gärkorb
Gusseisentopf

1. Für den Vorteig Sauerteig, 60 g Weizenvollkornmehl und 50 ml handwarmes Wasser verrühren, abdecken und bei etwas wärmerer Raumtemperatur 6 Stunden gehen lassen, bis sich das Volumen verdoppelt hat.
2. Den Vorteig zusammen mit den restlichen Zutaten bis auf das Salz kurz auf Stufe 2 verkneten. Auf Stufe 4 weitere 2–3 Minuten kneten. Das Salz dazugeben. Ist der Teig noch recht fest, während des Knetens schluckweise die restlichen 25 ml Kefir hinzufügen. Auf Stufe 6–8 mindestens weitere 5 Minuten kneten, bis der Teig den Fenstertest (s. S. 7) besteht. Teig in eine geölte Schüssel geben, abdecken und 5 Stunden im Kühlschrank gehen lassen. Nach 30, 60 und 90 Minuten dehnen und falten (s. S. 8).
3. Auf eine leicht bemehlte Arbeitsfläche gleiten lassen, formen (s. S. 8/9) und in den bemehlten Gärkorb geben. Abdecken und 1 Stunde gehen lassen.
4. Den Backofen und den Topf auf 250 °C Ober-/Unterhitze vorheizen. Das Brot auf Backpapier stürzen und mit dem Papier in den Topf legen. Mit Deckel 20 Minuten backen. Den Deckel abnehmen und 30–35 Minuten zu Ende backen.

Simit: türkische Sesamringe

Die türkischen Sesamringe kennt sicherlich fast jeder. Ich finde, sie sind unkompliziert und machen richtig Spaß. Der Traubensirup gehört dazu und gibt den Ringen ihren typischen Geschmack.

FÜR 8 STÜCK

Für den Teig:

500 g Mehl (Type 405)
21 g frische Hefe
3 TL brauner Zucker
1 TL Salz
100 ml lauwarme Milch
25 ml Sonnenblumenöl

Außerdem:

80 g Traubensirup (alternativ: heller oder dunkler Zuckerrübensirup)
6 gehäufte EL heller Sesam

1. Alle Zutaten mit 200 ml lauwarmem Wasser auf Stufe 6–8 etwa 7–8 Minuten kneten, bis der Teig den Fenstertest (s. S. 7) besteht. Teig in eine geölte Schüssel geben, abdecken und an einem warmen Ort 1 Stunde gehen lassen.

2. Auf die leicht bemehlte Arbeitsfläche gleiten lassen und gut durchkneten. Mit einem Teigspatel in 8 Portionen (à ca. 110 g) teilen. Diese Teigstücke flach drücken und 5- bis 6-mal zur Mitte hin falten und rund drehen. Mit einem Tuch abdecken und 10 Minuten ruhen lassen.

3. Jede Kugel halbieren und jeweils zu einer etwa 25 cm langen Rolle formen. Die beiden Stränge an einem Ende fest zusammendrücken und locker zu einer Kordel drehen. Zum Ring schließen und beide Enden aneinanderdrücken. Mit etwas Abstand auf ein mit Backpapier belegtes Blech setzen. Nochmals 10 Minuten gehen lassen.

4. Den Backofen auf 180 °C Ober-/Unterhitze vorheizen. Die Ringe mit dem Sirup bestreichen und mit Sesam bestreuen. Etwa 22–25 Minuten backen.

Herzhaftes dänisches Milchbrot mit Mohn

Das Franskbrød med mælk ist ein recht interessantes Brot und schmeckt sicherlich nicht allen. Aber wer Mohn mag, wird dieses Brot lieben. Ich habe das Originalrezept etwas abgewandelt und Weizenvollkornmehl sowie Mohn im Teig eingearbeitet. Es schmeckt dennoch so gut wie im Urlaub.

FÜR 1 BROT

300 g Weizenmehl (Type 405)
75 g Weizenvollkornmehl
7 g getrocknete Lievito madre (Mutterhefe)
30 g weiche Butter plus etwas mehr für die Form
400 ml warme Milch
10 g frische Hefe
3 EL brauner Zucker
20 g gemahlener Mohn plus 2–3 EL zum Bestreuen
1 EL Salz

Außerdem:

Kastenform (30 cm lang)

1. Alle Zutaten bis auf das Salz grob in der Rührschüssel verrühren, bis das Mehl eingearbeitet ist. Abdecken und 3 Stunden bei Raumtemperatur stehen lassen.

2. Auf Stufe 2 kurz verkneten. Das Salz dazugeben und bei Stufe 6–8 mindestens 8 Minuten kneten, bis der Teig den Fenstertest (s. S. 7) besteht. Sollte der Teig zu fest sein, bis zu weitere 50 ml lauwarme Milch unterkneten. In eine geölte Schüssel geben, abdecken und 1 Stunde gehen lassen. Dabei nach 20 und 40 Minuten dehnen und falten (s. S. 8).

3. Den Backofen auf 250 °C Ober-/Unterhitze vorheizen. Die Kastenform ausbuttern. Mit Mohn ausstreuen. Den Teig formen (s. S. 8/9) und in die Form geben. Mit Wasser bestreichen und nach Belieben großzügig mit Mohn bestreuen.

4. Mit Dampf (s. S. 9) 20 Minuten backen. Die Ofentür öffnen, um den Dampf entweichen zu lassen (ggf. das Schüsselchen entnehmen). Die Ofentemperatur auf 220 °C Ober-/Unterhitze reduzieren und das Brot weitere 35–40 Minuten backen.

Französische Fougasse

Dieses Rezept wurde früher als Temperaturprobe für die Bäckeröfen verwendet. Heute gibt es unheimlich viele Varianten dieses hübschen Brots: mit Oliven, Salz, Kräutern usw. Ich persönlich mag es pur besonders gerne.

FÜR 2 STÜCK

510 g Weizenmehl (Tipo 00 oder Type 550)
20 g Weizensauerteig (aus dem Kühlschrank)
2 EL Olivenöl
1 TL Salz

1. Für den Vorteig 150 g Weizenmehl mit dem Sauerteig und 150 ml Wasser glatt rühren, abdecken und bei Raumtemperatur (zugluftfrei) 16–24 Stunden stehen lassen.

2. Das restliche Weizenmehl mit dem Vorteig, dem Olivenöl und 200 ml Wasser auf Stufe 2 kurz verkneten. Das Salz dazugeben und auf Stufe 6–8 gut 1 Minute kneten, bis der Teig den Fenstertest (s. S. 7) besteht. Ist der Teig zu fest, bis zu weitere 30–40 ml Wasser einarbeiten. Teig in eine geölte Schüssel geben, abdecken und 1 Stunde 20 Minuten gehen lassen. Dabei nach 30 Minuten dehnen und falten (s. S. 8).

3. Den Backofen auf 250 °C Ober-/Unterhitze vorheizen. Den Teig auf etwas Mehl gleiten lassen. Mit einem Teigspatel halbieren und sachte in Tropfenform rollen. Einzeln auf Backpapier legen, flach drücken und in Form ziehen (dabei vorsichtig arbeiten, um nicht die Luft aus dem Teig zu drücken!).

4. Mit einer scharfen, spitzen und bemehlten Schere die Löcher nach Lust und Laune in die »Blätter« schneiden und jeweils gleich auseinanderziehen, damit sie nicht wieder zusammenkleben.

5. Nacheinander mit Dampf (s. S. 9) 15 Minuten backen, dann die Ofentür öffnen, um den Dampf entweichen zu lassen (ggf. das Schüsselchen entnehmen). Die Ofentemperatur auf 220 °C Ober-/Unterhitze reduzieren und das Brot weitere 10–15 Minuten backen, bis es knusprig ist.

Indisches Naan

Naan ist ein Pfannenbrot, das ganz ohne Backofen zubereitet wird. Es ist so lecker, dass es mir pur am besten schmeckt. Als Grillbeilage oder zum Salat ist es optimal geeignet. Das indische Brot wird durch den Joghurt etwas säuerlich, was für Naan sehr typisch ist.

FÜR 12 STÜCK

16 g frische Hefe
5 g getrocknete Lievito madre (Mutterhefe)
1 EL Honig
100 ml lauwarme Milch
200 g Weizenmehl (Type 405)
400 g Weizenmehl (Tipo 00)
1 TL Salz
200 g griechischer Joghurt

Außerdem:

Gusseisenpfanne

1. Hefe, Lievito madre und Honig in der lauwarmen Milch und 150 ml lauwarmem Wasser glatt rühren. Abdecken und 15 Minuten stehen lassen.

2. Die Hefemilch mit den restlichen Zutaten in die Rührschüssel geben. Auf Stufe 2 kurz verrühren. Auf Stufe 6–8 kneten, bis sich der Teig komplett vom Schüsselrand löst und den Fenstertest (s. S. 7) besteht. Teig in eine geölte Schüssel geben, abdecken und an einem warmen Ort 1 Stunde gehen lassen.

3. Den Teig auf die bemehlte Arbeitsfläche gleiten lassen, zu einer Rolle formen, dabei nicht kneten, und in 12 gleich große Stücke teilen. Mit einem Tuch abdecken und 5 Minuten ruhen lassen.

4. Die Pfanne auf dem Herd auf 90 % Herdleistung erhitzen (kein Fett!). Die Teigstücke zu Fladen rollen und schieben (Ø 20 cm) und unbedingt mit einem Pinsel das Mehl beidseitig abstauben (es verbrennt sonst in der Pfanne). Die Fladen einzeln in die Pfanne legen. Wenn sich die ersten Blasen bilden, nachsehen, wie die Unterseite aussieht: ggf noch etwas warten oder wenden. Aus der Pfanne nehmen und die restlichen Fladen genauso backen.

Finnische Brotkränze

In Finnland und ganz Skandinavien wird viel mit purem Roggenmehl gebacken. Oft sind die Brote für unser Empfinden eher Fladen. Ich persönlich finde die Ruisleipä eine leckere Abwechslung und möchte sie euch nicht vorenthalten.

FÜR 4 STÜCK

Für den Vorteig:

80 g Roggensauerteig (aus dem Kühlschrank)
100 g Roggenmehl (Type 812)

Für den Teig:

1 EL Salz
4 g frische Hefe
1 kg Roggenmehl (Type 997)

1. Für den Vorteig Sauerteig und Mehl mit 200 ml lauwarmem Wasser in der Rührschüssel glatt rühren. Abdecken und bei Raumtemperatur 12–14 Stunden stehen lassen, bis der Teig deutliche Blasen zeigt.

2. 600 ml lauwarmes Wasser, Salz und Hefe hinzufügen und gut verrühren, damit sich das Salz auflöst. Nach und nach das Mehl hinzufügen. Den Teig auf Stufe 6–8 mindestens 10 Minuten kneten. Der Teig soll eine relativ feste Konsistenz haben. Eventuell etwas mehr Mehl (bis zu 120 g) dazugeben. Teig in eine geölte Schüssel geben, abdecken und an einem warmen Ort 8 Stunden gehen lassen.

3. Den Teig auf die bemehlte Arbeitsfläche gleiten lassen, noch einmal kneten und in 4 gleich große Stücke teilen. Die Teigstücke zu 4 glatten Scheiben (Ø ca. 25 cm) formen und mit den Fingern ein Loch in die Mitte drücken. Nochmals 2 Stunden abgedeckt an einem warmen Ort gehen lassen. Nach Bedarf die Teigstücke nochmals glätten und mit einer Gabel einstechen oder einschneiden. Auf 2 mit Backpapier belegte Bleche legen.

4. Den Backofen auf 250 °C Ober-/Unterhitze vorheizen. Die Brote (ein Blech nach dem anderen) mit Dampf (s. S. 9) 20 Minuten backen. Die Ofentür öffnen, um den Dampf entweichen zu lassen (ggf. das Schüsselchen entnehmen). Die Ofentemperatur auf 180 °C Ober-/Unterhitze reduzieren und die Brote weitere 40 Minuten backen. Die Brote aus dem Ofen nehmen, mit Tüchern abdecken und abkühlen lassen.

Griechisches Fladenbrot

Wer kennt es nicht? Fladenbrot ist aus unserem Brotalltag fast schon nicht mehr wegzudenken. Es dient nicht nur als Brotbeilage, sondern kann – gefüllt mit Gemüse, Fleisch und Soße – großartig als vollwertige Mahlzeit gegessen werden.

FÜR 2 STÜCK

Für den Teig:

½ Würfel frische Hefe
1 TL Honig
550 g Weizenmehl (Type 550)
½ TL Meersalz
50 ml Olivenöl
1 Ei (Größe M)

Für das Topping:

1 Ei (Größe M)
2 EL griechischer Joghurt
2 EL Sesam
1 EL Schwarzkümmel

Außerdem:

Pizzastein und -schaufel

1. Hefe und Honig mit 350 ml lauwarmem Wasser in der Rührschüssel glatt rühren. Abdecken und 20 Minuten stehen lassen.

2. Die restlichen Zutaten für den Teig zum Hefewasser in die Rührschüssel geben. Kurz auf Stufe 2 verrühren, dann auf Stufe 6–8 etwa 10 Minuten kneten, bis der Teig den Fenstertest (s. S. 7) besteht. Ist der Teig zu fest, bis zu weitere 30 ml Wasser hinzugeben. Teig in eine geölte Schüssel geben, abdecken und bei Raumtemperatur 2 Stunden gehen lassen. Nach 30 und 60 Minuten dehnen und falten (s. S. 8).

3. Den Backofen und den Pizzastein auf 250 °C Ober-/Unterhitze vorheizen. Den Teig auf etwas Mehl gleiten lassen und halbieren. Ohne zu kneten direkt auf die bemehlte Schaufel geben. Mit den Fingerspitzen in Form drücken (nach Belieben dicker oder dünner) und Mulden eindrücken. Das Ei mit dem Joghurt und 1 EL Wasser verquirlen. Die Fladen damit bestreichen und mit Sesam und Schwarzkümmel bestreuen. Auf den Pizzastein schieben und etwa 8–10 Minuten backen.

Stephanie Just

Süß und herzhaft backen mit der KitchenAid

50 leckere Rezeptideen

112 Seiten
15,00 € (D) | 15,50 € (A)
ISBN 978-3-7423-0647-0

Stephanie Just

Backen mit der KitchenAid

50 klassische und ausgefallene Rezepte für Brote, Kuchen und Gebäck

112 Seiten
15,00 € (D) | 15,50 € (A)
ISBN 978-3-7423-1726-1

riva